紛争解決手続代理業務試験

特定社会保険労務士試験過去問集

第20回（令和6年度）試験対応版

河野順一 ［編著］

日本評論社

一生を終えてのちに残るものは
われわれが集めたものではなく
われわれが与えたものである。

　　　　──ジェラール・シャンドリー

はしがき

　平成19年4月1日、特定社会保険労務士が業務を開始しました。

　この特定社会保険労務士制度は、平成17年の社会保険労務士法改正を受けて創設されたものです。社会保険労務士法2条には、社会保険労務士の業務が規定されていますが、そのうち、1項1号の4から1号の6までの業務、すなわち、

- 個別労働関係紛争の解決の促進に関する法律の紛争調整委員会におけるあっせんの手続並びに雇用の分野における男女の均等な機会及び待遇の確保等に関する法律及び短時間労働者の雇用管理の改善等に関する法律の調停の手続について、紛争の当事者を代理すること
- 都道府県労働委員会が行う個別労働関係紛争（労働者の募集及び採用に関する事項についての紛争を除く）に関するあっせんの手続について、紛争の当事者を代理すること
- 民間紛争解決手続で紛争の目的の価額が120万円（平成27年4月1日より。改正前は少額訴訟の上限額である60万円）を超えないものについて、紛争の当事者を代理すること

について、「特定社会保険労務士」が、その業務を行えることとされています（なお、平成20年4月1日から、パート労働者が都道府県労働局長による助言・指導・勧告、紛争調整委員会による調停も含まれました）。

　特定社会保険労務士としてこれらの業務を行うためには、紛争解決手続代理業務を行うのに必要な学識及び実務能力に関する研修であって厚生労働省令で定めるものを修了した社会保険労務士に対し、厚生労働大臣が年1回以上実施する「紛争解決手続代理業務試験」に合格し、かつ、その者が全国社会保険労務士会連合会にその旨付記の申請を行い、特定社会保険労務士証票の交付を受けなければなりません。

　これまで19回の試験が行われました。合格率は、第1回が75.97％、第2回が65.33％、第3回が72.73％、第4回が76.04％、第5回が63.14％、第6回が54.05％、第7回が68.36％、第8回が60.3％、第9回が65.9％、第10回が62.3％、第11回が55.8％、第12回が63.5％、第13回が57.3％、第14回が

62.2%、第15回が54.1%、第16回が61.9%、第17回が49.8%、第18回が53.1%、そして直近の第19回が56.3%と、回によりばらつきがありますが、今回も難関で約2人に1人は不合格となっています。これらの数字は、ただ漫然と研修を受け試験を受けても、合格するのは難しいということを如実に物語っています。

そこで、本試験には、これまでに出題された**過去問で十分に練習**してから、自信をもって臨みたいものです。

本書は、著者の48年にわたる、紛争解決における社会保険労務士としての実績を縦軸に、後進への指導歴を横軸として、問題集でありながら実務にも対応できる、過去問集として作成しました。

特定社会保険労務士制度は、今後、簡裁訴訟代理権取得に向け、大きな変革が想定されています。紛争解決に向け、与えられたキャンバスにどのような絵を描くのかは、私たち社会保険労務士の目的意識やセンスにかかっているといえるでしょう。

平成26年の社会保険労務士法改正により、社会保険労務士は、「事業における労務管理その他の労働に関する事項及び労働社会保険諸法令に基づく社会保険に関する事項」について、裁判所において、補佐人として出頭し、陳述できるようになりました。

この法改正により、特定社会保険労務士のみならず、すべての社会保険労務士が紛争解決能力を高めておく必要がますます高まったといえましょう。

本書を、受験の友として、また、紛争解決実務の手引書として、末永くご利用いただくことを願って止みません。

なお、本書は、日本橋中央労務管理事務所の皆さんのお力添え、また、私のセミナーにご参加いただいた多くの皆様の温かいご支援により出版することができました。この場をお借りして、関係諸氏に深くお礼を申し上げる次第です。

令和6年7月吉日

河 野 順 一

　近時の紛争解決手続代理業務試験の出題傾向として、「長文化」があげられます。限られた時間の中で、出題の文意を的確に把握できるかがカギになります。少なくとも、受験者は、毎年出題される大問（あっせん事例問題〔第1問〕）の中から、トラブルとなる類型を理解していなければなりません。

　くわえて、「特別法」とされる労働法に対し、「一般法」である民法の知識も欠かせません。労使トラブルは、労働法だけで解決できないという所以がここにあります。

　昨年の第19回試験の問題は、その傾向が顕著でした。まず、第1問では、「ハラスメント」と「解雇の撤回」が出題されましたが、民法の「錯誤による取消し」を理解していなければ回答できない内容でした。くわえて、第2問の小問（2）においても、民法における「双方代理」と、社会保険労務士法における「社会保険労務士が業務を行い得ない事件」とのバッティングをどう調整するかを理解していなければ歯が立ちませんでした。

　このように、紛争解決手続代理業務試験には、そもそも社会保険労務士の受験科目にない法律との体系的な理解を求められるようになってきています。

　これまで、私、河野は、「労働法だけでは、労使トラブルが解決できない」ことを、拙著（『労働法を理解するための基本三法　憲法・刑法・民法』河野順一著、経営書院）やセミナーのテーマとして、少なからずの社会保険労務士に啓蒙してきました。長年のこうした活動が功を奏し、憲法、民法、刑法といった基本三法の知識はもとより、法を体系的に学ばなければならない必要性は、少しずつではありますが、社会保険労務士全体に浸透してきたものと自負しております。これまで出題された紛争解決手続代理業務試験の過去問題は、実際に、同試験を受験するしないとにかかわらず、社会保険労務士として業を行うにあたり想定されるケースの数々であることは間違いありません。よって、こうした紛争の解決方法を身に着けていることは、試験勉強のみならず心強い限りです。

　とくに、受験を目指す皆さんにおかれましては、実務に直結した問題解

決能力を習得しているものであることを意識し、心して取り組んでいただきたく思います。

　今回、第20回を迎える紛争解決手続代理業務試験の学習に対応する過去問集も、19回分が蓄積され、ボリュームも相当なものとなりました。そこで、効率的な学習を実現するため、本過去問集は、紙面とCDを併用しております。まず、紙面におきましては、最初に第1回試験を題材に、解き方を例示し、ポイントとして押さえたい部分を詳述しました。そして、前年出題分を含め直近5回分の本試験につき、従前どおり問題、解答、解説を掲載しています。また、残りのすべての回の出題につき、紙面と同じ様式で、付録CDに収録させていただきました。

　時間的に余裕のある方は、紙面に掲載された問題同様、CD収録の過去問についても、チャレンジすることをお勧めします。他方、学習効率を重視したい方には、少なくともCDに収録された各問題の解説部分（解法の手順・争点の概要を掴む）を精読することが大切です。これにより、あっせん事例の出題論点を、くまなく習得することが期待できます。

　なお、本書は、第10回（平成26年度）試験対応版まで、10年近くにわたって、酒井書店から出版されてきましたが、同社社長のご逝去に伴い、平成27年度版より、日本評論社に出版を引き継ぎしていただきました。串崎浩社長をはじめとし、本書の編集に携わっていただいた同社の皆様には、大変感謝しております。

　末筆ながら、読者の皆様が本書を活用され、見事、今年度の合格を手中にされますよう、心より祈念しています。そして、合格の暁には、本試験の学習で培った知識を、余すことなく実務にお役立てください。

　令和6年7月吉日

　　　　　　　　　　　　　　　　　　　　河　野　順　一

〈平成17年社会保険労務士法改正の概要〉

1 裁判外紛争解決手続の代理業務の範囲の拡大

　　個別労働関係紛争解決促進法に基づき都道府県労働局が行うあっせんの手続の代理業務に加え、新たに次の代理業務を追加する。

（1）　個別労働関係紛争について都道府県労働委員会が行うあっせんの手続の代理

（2）　男女雇用機会均等法に基づき都道府県労働局が行う調停の手続の代理（平成20年4月1日から、パート労働法に基づく場合も対象とされました）

（3）　個別労働関係紛争について厚生労働大臣が指定する団体が行う紛争解決手続の代理（紛争価額が60万円〈平成26年改正により120万円に引き上げ〉を超える事件は弁護士の共同受任が必要）

※　上記代理業務には、依頼者の紛争の相手方との和解のための交渉及び和解契約の締結の代理を含む。

2 裁判外紛争解決手続の代理業務に係る研修及び試験

（1）　上記代理業務に必要な学識及び実務能力に関する研修の修了者に対し試験を実施する。

（2）　当該試験の合格者のみ上記代理業務を行うことができることとする。

〈平成26年社会保険労務士法改正の概要〉

1　個別労働関係紛争に関する民間紛争解決手続における紛争の目的の価額の上限額の引上げ

　　厚生労働大臣が指定する団体が行う個別労働関係紛争に関する民間紛争解決手続において、特定社会保険労務士が単独で紛争の当事者を代理することができる紛争の目的の価額の上限を、120万円に引き上げること（※改正前は少額訴訟の上限額〈60万円〉）。（第2条第1項関係）

2　補佐人制度の創設

（1）　社会保険労務士は、事業における労務管理その他の労働に関する事項及び労働社会保険諸法令に基づく社会保険に関する事項について、裁判所において、補佐人として、弁護士である訴訟代理人とともに出頭し、陳述をすることができることとすること。（第2条の2関係）

（2）　社会保険労務士法人が、上記（1）の事務の委託を受けることができることについて規定すること。（第25条の9の2関係）

▶合格に必要な過去問はすべてこの1冊に！

● 「**模範解答例**」と、要点を尽くした解説＝「**解法の手順**」で、答案作成の要領が確実に身に付きます。
　なお、「出題の趣旨と配点」は、全国社会保険労務士会連合会試験センターから公表されたものです。

● 「あっせん事例」（第1問）、「倫理」（第2問）ともに、論点を正確に把握するため、必要な部分に「**論点整理**」として図解を掲載しています。

● 解説の要所々々に、関係する判例を多数掲載しています。

● 各回の本試験に対応した解答用紙を収録していますので、コピーしてご利用ください。本試験さながらの臨場感を味わえます。　なお、解答用紙を印刷して使用する際は、各自でサイズ指定して印刷してください。

▶合格後の実務にも対応！

● 充実した解説は、試験対策だけではなく、紛争解決実務における手引書としても最適です。

● 実務への対応を考慮し、用語及び判例の索引を付けました。

目　次

試験の傾向と対策

▶受験者数と合格者数、合格率

　原則として、特別研修と紛争解決手続代理業務試験は、年1回行われることとなっていますが、制度開始時（平成19年4月1日）には、一定数の特定社労士を揃えておかなければならないため、平成18年度に限って、研修、試験ともに2回行われました。平成18年6月17日に全国12都道府県で行われた第1回の試験は、初めてということもあり、試験を実施する側も受験をする側も、手探り状態だったといえるでしょう。

　この試験を受験するためには、原則として63時間の特別研修を受講しなければならなかったわけですが、会場や講師のキャパシティの関係から、3,000人程度の受け入れ枠しかありませんでした。そこで、全国社会保険労務士会連合会は抽せんにより人数を絞り、抽せんに外れた受講希望者は、第2回以降の特別研修に振り分けられることとなりました。

　この第1回の特別研修修了者のうち、3,117人が「第1回紛争解決手続代理業務試験（特定社会保険労務士試験）」を受験し、結果、合格者は2,368人、合格率は75.97％（厚生労働省発表）でした。第2回以降の受験者数、合格者数、合格率（厚生労働省発表）は、それぞれ、次の表のとおりです。

　なお、昨年度の第19回試験（令和5年11月25日実施）は、892人が受験し、うち502人が合格、合格率は56.3％でした。

■受験者数、合格者数、合格率

	第1回	第2回	第3回	第4回	第5回	第6回	第7回	第8回	第9回	第10回
受験者数（人）	3,117	4,289	2,629	1,603	1,644	1,628	1,675	1,428	1,270	1,139
合格者数（人）	2,368	2,802	1,912	1,219	1,038	880	1,145	861	837	710
合格率（%）	75.97	65.33	72.73	76.04	63.14	54.05	68.36	60.3	65.9	62.3

	第11回	第12回	第13回	第14回	第15回	第16回	第17回	第18回	第19回
	1,175	1,019	890	911	905	850	950	901	892
	656	647	510	567	490	526	473	478	502
	55.8	63.5	57.3	62.2	54.1	61.9	49.8	53.1	56.3

■合格者数等の推移

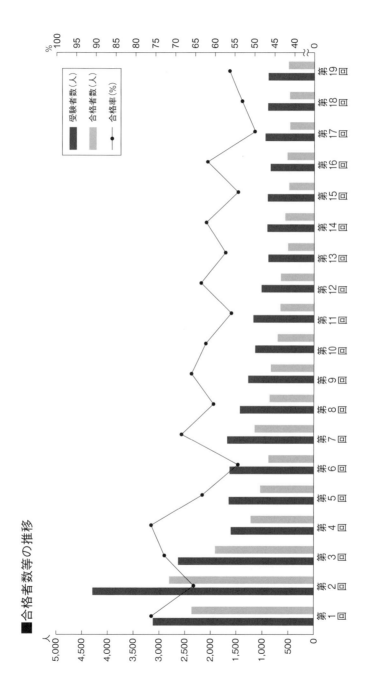

▶配点と合格基準

　試験は、「あっせん事例（第1問）」1問と「倫理規定に関する事例（第2問）」1問の、計2問で構成されています。さらに、「あっせん事例」については、4つないし5つの小問に、「倫理規定に関する事例」については、2つの小問に分かれています。

　全問正解で100点満点となるわけですが、配点の内訳は、「**あっせん事例**」が**70点満点**、「**倫理規定に関する事例**」が**30点満点**となっています。

　ここで注意しなければならないのは、「合格基準」です。第1回試験の合格基準（厚生労働省発表）を見てみると、第1問と第2問合わせて60点以上取れば合格となるわけですが、仮にあっせん事例の問題が満点の70点でも、倫理事例の問題で10点以上取らないと、不合格とされます。

第1回試験の合格基準

100点満点中、60点以上、かつ、第2問は10点以上とする。

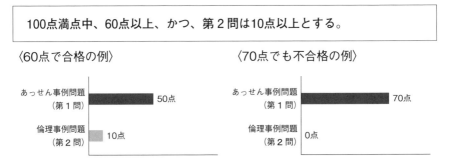

　したがって、あっせん事例の学習はもちろんのこと、倫理事例についても少なからず学習しておかないと、試験に合格できないというわけです。

　なお、この「合格基準」は、その回ごとに数値が異なっています。第2回から第19回の合格基準（厚生労働省発表）は以下のとおりでした。

第2回試験の合格基準

100点満点中、55点以上、かつ、第2問は10点以上とする。

第 3 回試験の合格基準

> 100点満点中、58点以上、かつ、第 2 問は10点以上とする。

第 4 回試験の合格基準

> 100点満点中、59点以上、かつ、第 2 問は10点以上とする。

第 5 回試験の合格基準

> 100点満点中、55点以上、かつ、第 2 問は10点以上とする。

第 6 回試験の合格基準

> 100点満点中、54点以上、かつ、第 2 問は10点以上とする。

第 7 回試験の合格基準

> 100点満点中、56点以上、かつ、第 2 問は10点以上とする。

第 8 回試験の合格基準

> 100点満点中、55点以上、かつ、第 2 問は10点以上とする。

第 9 回試験・第10回試験の合格基準

> 100点満点中、56点以上、かつ、第 2 問は10点以上とする。

第11回試験ないし第16回試験の合格基準

> 100点満点中、55点以上、かつ、第 2 問は10点以上とする。

第17回試験の合格基準

> 100点満点中、55点以上、かつ、第 2 問は30点以上とする。

第18回・第19回試験の合格基準

> 100点満点中、55点以上、かつ、第 2 問は10点以上とする。

▶解答のポイント

①あっせん事例問題（第1問）のポイント

▶事件の全体を読み取る

　紛争当事者である、労働者と使用者の「言い分」が示されます。その言い分の中から、**争点**を浮き彫りにして、一方の当事者の手続代理を依頼された場合、どのような主張を展開していけばよいのかを整理していきます。

　解答のヒントは、この労働者と使用者の言い分（「Xの言い分」「Y社〈法人〉の言い分」）に凝縮されていますので、注意深く、当事者になったつもりで、イメージを膨らませながら読むことが大切です。

　本書では、この部分を、「**論点整理**」として図解で示しています。

　なお、近時の出題は、文章が長文化しています。よって、長文読解に慣れておく必要があり、かつ、その中から争点となる重要なポイントを、的確に抽出する能力が試されます。

▶事件の種類を考え、当事者の言い分からポイントを拾う

　紛争の事案が何であるかを特定します。つまり、この事件は「整理解雇」であるのか、「雇止め」であるのか、あるいは、「配置転換」であるのか、といった、**種類を特定**します。そうすると、その事件の種類により、何が争点となるのかがおのずから決まってくるというわけです。

　例えば、「整理解雇」の場合に争点となるのは、その解雇につき、①人員整理の必要性があること、②解雇回避の努力をしたこと、③整理対象者の選定に合理性があること、④整理手続が妥当であること、といった4要素が存在するか否かであり、それに基づいて解雇権の濫用かどうかが判断されるわけです。

　労働者側の代理人になった場合を問う出題については、会社がいかにこの4要素からかけ離れた解雇をしたかという不当性を、労働者と使用者の「言い分」から探し出すこととなり、他方、会社側の代理人になった場合を問う問題については、会社がいかにこの4要素に沿った解雇を行ったかといった、合理性を主張する構成をとります。

　したがって、**事件別**に、その事件を争うには外せないポイントを整理して、記憶しておくことが大切でしょう。「整理解雇」なら先の４要素を、「雇止め」なら、①業務の内容、②更新の実態、③契約期間管理の状況、④当事者の主観的態様、⑤他の労働者の更新状況、といった事項がそれに該当します。

　このポイントは、本試験で最初に箇条書きで問われることがあり、また、当事者の「言い分」からは抽出できないので、必ず勉強しておきましょう。

▶定型の文言を覚える

　申請書、答弁書、あっせん案における定型の文言を覚えておきましょう。例えば、申請書では──

　「Ｘは、Ｙ社に対し、雇用契約上の権利を有する地位にあることを確認する（こと）。」
　「Ｙ社は、Ｘに対し、令和○○年○月○日からの賃金として、毎月○日限り金○○万円を支払う（こと）。」

　このような文言は、**フレーズとして覚えておく**ことが大切です。特に、具体的な金額と、支払う日について、特定することが重要です。

▶方針を決定したら、自分の主張に自信を持つ

　当事者の主張をよく読み、その要求を理解し、代理人としての方針が決まったら、それに沿って主張を展開していきます。その際、**論旨がぶれない**ようにすることが大切です。数学のように、決まった答えなどありませんから、文章の整合性に配慮し、**自信を持って論述**することが大切です。

②倫理事例問題（第２問）のポイント
▶事案の全体を読み取る

　紛争当事者と代理人の間にどのようなやり取りがあったのか、**全体の状況を図解**にして理解するとよいでしょう。

倫理の規定は、社労士法22条（特定社労士が業務を行いえない事件）、同法1条の2（社労士の職責）、同法16条（信用失墜行為の禁止）、同法21条（秘密を守る義務）を中心に、趣旨等を学習しておくことが最低条件です。

③あっせん事例問題（第1問）・倫理事例問題（第2問）共通のポイント

▶とにかくマスを埋める

「○○字以内で記載しなさい。」という問題については、少なくとも、3分の2は埋めるように努力しましょう。

気を付けなければならない点は、字数をオーバーしないことです。こうした記述対策としては、問題集で何度も実際に書く練習をしておくことが大切です。**書き方のパターンが身に付いていれば**、試験当日、ポイントを捉えた文章を、指定された字数に簡単に収められるようになります。一見面倒なようですが、この練習こそが合格への近道です。

▶あまり大きな字で書かない

本試験では、黒インクの万年筆または消しゴムで消すことができないボールペンを使用します。また、書き込んだ文字を修正する場合は、修正箇所に二重線を引き、マスの余白に正しい文字を書き込むことになりますので、最初からマスいっぱいに、大きな字で書いてしまうと、修正する場合に困難を極めることになります。あまり大きな字で書かないように注意しましょう。

▶あっせん事例問題（第1問）の出題論点

あっせん事例問題（第1問）について、出題論点を次頁に表形式で整理しました。

解雇に関係する論点は、第1回から第10回まで連続で、また第13回と、第15回から第19回まで出題されました。

今後の試験対策としては、まずは過去問で出題された論点に関する基礎知識を本書でしっかりと学んでください。すでに紛争解決手続代理業務試験もその実施回数が19回を数えており、主要な論点のかなりの部分が出題されています。まずは、過去問を中心とした学習で、基礎力を養成することが大事です。

そのうえで、採用から退職までの各場面における紛争について、リーディングケースとなる労働判例を中心にして学習していくと良いでしょう。そのプロセスの中で、未知の問題に対する対応力も自然と養われていきます。

また、法律の条文に関しても確実な理解を心がけてください。特に労働契約法の理解は、紛争解決手続代理業務試験を受験する際に必須となります。さらに、特別研修で教わる民法の債権法や不法行為法に関する復習も重要です。

第14回試験では、改正民法95条を題材として、退職の意思表示の撤回が出題されました。紛争解決において、労働関係諸法令のみならず、民法の知識も問われており、かつ、現行法の「無効」と、改正後の「取消し」に関する理解も深めつつ、関連する法律の改正情報についても把握しておきましょう。

第19回試験においても、パワーハラスメント（パワハラ）を行った従業員が、懲戒解雇をされると思い込み、退職届を提出しましたが、この錯誤による取消しができるのかという、退職の撤回に関する出題がされました。「一般法」と「特別法」の理解が必須です。

■あっせん事例問題（第1問）の出題論点

出題論点	1	2	3	4	5	6	7	8	9	10	11	12	13	14	15	16	17	18	19
普通解雇		○	○						○										
懲戒解雇							○												
整理解雇	○									○					○				
諭旨解雇								○											
試用期間満了と解雇				○		○										○			
雇止め					○								○				○	○	
退職の意思表示の撤回														○					○
配転命令			○					○											
出向命令												○							
労働条件の不利益変更				○															
時間外手当				○	○														
兼業・副業						○													
試用期間					○	○			○										
経歴詐称							○												
勤務地限定特約	○									○									
職種限定特約			○							○									
能力不足・勤務態度不良					○							○		○					
通勤手当の不正受給							○												
セクシュアルハラスメント									○							○			
パワーハラスメント											○								○
損害賠償請求											○								

10

■過去問

第1回 （「ここがポイント」付き例示問題）

紛争解決手続代理業務試験問題
（平成18年6月17日実施）

第1回　紛争解決手続代理業務試験問題

（注　意）

1. 係員の指示があるまで、この問題用紙を開かないでください。

2. この問題用紙の下記該当欄に、受験地、8ケタの受験番号（※特別研修の受講番号ではありません。）及び氏名を必ず記入してください。

3. 別に配布した解答用紙（その1）及び解答用紙（その2）の該当欄に、受験地、8ケタの受験番号（※特別研修の受講番号ではありません。）及び氏名を必ず記入してください。（受験番号や氏名の記入のないものは採点しません。）

4. 試験時間は、2時間です。

5. 試験問題は、記述式です。

6. 問題の解答は、所定の解答用紙に記入してください。解答用紙への解答の記入は、黒インクの万年筆又はボールペン（ただし、インクがプラスチック消しゴムで消せるものを除きます。）を使用してください。修正する場合は、二重線で消し、訂正してください。（修正液は使用不可）所定の解答用紙以外の用紙に記入した解答は、その部分を無効とします。解答用紙の受験地、受験番号及び氏名欄以外の箇所に、特定の氏名等を記入したものは、無効とします。

7. 解答に当たっては、参考書、六法全書等の閲覧は一切認めません。

8. 鉛筆、消しゴム等の筆記用具及び筆箱は鞄等にしまってください。携帯電話、PHS及びポケット・ベル等は必ず電源を切って鞄等にしまってください。

9. 解答用紙は書損じ等による追加配布、取替はしません。

10. 試験時間中、不正行為があった場合は、その者の受験は直ちに中止され、その解答は無効なものとして取り扱われます。

11. 試験問題に関する質問には、一切お答えしません。

12. 試験問題は試験時間終了後、持ち帰ることができます。途中で退室する場合には、持ち帰ることができません。

受験地		受験番号		氏名	

第1問 別紙記載のX及びY社の「言い分」に基づき、以下の（1）から
（5）までに答えなさい。

小問（1）　本件のY社の支店閉鎖によるXの解雇が有効か無効かについ
ては、一般的にはどのような基準により判断が行われますか。
解答用紙の第1欄に箇条書きで記載しなさい。

小問（2）　本件について、Xの主張に基づき解雇を争い都道府県労働局
長にあっせん申請をする場合の「求めるあっせんの内容」はど
のようになりますか。求める権利関係を踏まえて解答用紙第2
欄に箇条書きで記載しなさい。

小問（3）　Xの立場に立って、「Y社の言い分」中の「Xは支店に限っ
て特約して雇用した転勤のない地元雇用社員であり、支店の閉
鎖により当然解雇となる」との主張に対し、具体的にどのよう
な主張ができますか。解答用紙第3欄に250字以内で記載しな
さい。

小問（4）　本件について、Y社の立場で紛争の解決を図るとした場合、
実際上どのような方向に向けて具体的に努力することが考えら
れますか。その内容を解答用紙第4欄に250字以内で記載しな
さい。

小問（5）　Xとしては、Y社側からXに対し振り込まれた2ヶ月分相当
の退職金についてどうすべきでしょうか。具体的対応策につい
ての見解を解答用紙第5欄に200字以内で記載しなさい。

第2問 特定社会保険労務士甲は、X市の無料相談会でB社に勤務するAからB社が一方的に労働条件を切り下げ、それによってAの賃金も減額されてしまったので、労働局のあっせんの申請をしたいとの相談を受け、あっせん申請書に記載すべき申請内容や手続について協議し、指導した。その後しばらくしてB社の社長が甲の事務所を訪れ、「Aから労働条件の切り下げを不服として5ヶ月分の賃金の差額（金15万円）の支払についてあっせんの申請が厚生労働大臣指定の民間紛争解決機関に出されたので、B社の代理人として手続を進めてほしい。」旨の依頼を受けた。

　　　以下の（1）及び（2）に答えなさい。

小問（1）　　甲はB社からの依頼を受けることはできるか、その答えと理由を解答用紙第6欄に150字以内で記載しなさい。

小問（2）　　前記（1）の場合、甲がAの同意を得たときはどうか、その答えと理由を解答用紙第7欄に150字以内で記載しなさい。

〔Xの言い分〕

1．私は、Y社という木造住宅の施工販売会社の支店に、短大卒業後平成
　14年4月1日付けで地元雇用社員（その支店限りで、雇用期間の定めは
　ないが他に転勤のない社員）として採用されました。そして、会社から
　平成18年5月31日付をもって就業規則の「会社都合による」との規定に
　基づき解雇する旨の予告を同年4月30日に受けました。

　　　Y社の支店の仕事は、住宅の開発、販売の広告宣伝が中心で、営業は
　主として販売代理店の人に委せております。施工工事はすべて地元の建
　築業者への下請により施工しています。

　　　したがって、当支店は、この県内唯一の支店ではあっても、人数は少
　なく、正社員の人は支店長を含めて10人位で、「地元雇用社員」は事務
　担当の私1人で、他に庶務業務のパートタイマーの方が1人います。

　　　従前から、当社の取り扱う木造住宅の施工販売は次第に減ってきてお
　り、経営上の赤字が累積して問題となっており、最近は社内で民事再生
　とか会社更生といった言葉も時々出ていました。

2．このような状況から、会社は再建のために大幅なリストラを行うこと
　になり、当支店は閉鎖されることになりました。そこで、本年3月中旬
　頃にこのことが、支店長より伝えられ、正社員の人は、全社的に加算退
　職金による希望退職の募集があり、これに応募する人や本社とか統合す
　る隣県ブロック支店に転勤する人、当社業務を委託している地元の建設
　会社に出向する人もあり、解雇になる人はありません。

　　　また、パートタイマーの人は、期間雇用契約でしたので、平成18年5
　月31日付の雇用期間の満了を承諾しました。

　　　私の場合は、平成18年5月31日付で支店の閉鎖により解雇となり、も
　ともと地元雇用社員には退職金はありませんが、今回は2ヶ月分の退職
　金を特別に出すということです。

3．私としては、突然の支店閉鎖による退職とか解雇だとかいわれても他に転職先もなく、技術系社員の人で地元に残る人は業務委託先の業者への出向という形で雇用が維持されていますのに、私には何の措置もなされずに解雇ということで困っております。他の支店の私と同じ地元雇用社員の人の中では何人かの人が退職に異議を述べていると聞いています。

4．私の給料は、基本給月額19万円で、別に交通費が実費で支給されており、支払日は毎月25日です。また、労働社会保険にはすべて加入しており、所定の保険料も控除され納付しています。

5．なお、会社からは平成18年5月31日付で2ヶ月分相当の金額が私の口座に振り込まれてきました。私は、解雇を認めていないのですが、この振込み金額はそのまま受け取っておいてよいのでしょうか。

別 紙 2

〔Y社の言い分〕

1．私は、Y社の取締役で管理本部長をしています。当社は、甲社という大手建設会社系列の木造住宅の施工販売専業会社で、宅地開発、住宅販売を業としています。バブル崩壊前は相当に営業成績もよく、また全国ブランドで「Y社の○○ハウス」として人気も信用も得ていました。

2．ところが、バブルがはじけて平成不況時代の到来とともに次第に木造住宅の開発や販売が減ってきまして、苦戦を強いられることになりました。

　　そして、平成17年３月末の決算では、累積赤字が大幅に増加し、このままでは倒産もあり得る経営状況となり民事再生の申立ても検討されました。

　　しかしながら、親会社の立場もあり、メインバンクの指導援助等を得て、再建案を検討してきました。再建案が本年に入ってまとまり、大幅に企業規模を縮小して再建を図ることになりました。具体的には、支店の数を大幅に削減し、各県に支店があったものを各ブロック別１支店に統合し、正社員については全社的に特別加算退職金等を条件に希望退職を募り、閉鎖支店の正社員は本社、ブロック支店に転勤させ、正社員のうち技術系社員の一部は従来から施工に協力を願っていた地元の委託会社に出向又は転籍を受入れてもらっています。また、賃金体系を変更し全社員一律に20％カットとし、業績連動のボーナスを大幅に増やすこととしました。

3．このような再建案の決定をして、平成18年３月初めから各支店で説明会を行い、正社員の人には全員納得してもらい、同年５月31日付をもって、転勤、出向、転籍、希望退職という形で全員円満に解決しました。

　　雇用期間を定めて雇用しているパートタイマーの人については、雇用期間満了の予告により円満な雇い止めができました。

4．Ｘさんは「地元雇用社員」として、支店限りとの特約により雇用した者ですから他に転勤してもらうこともできず、会社再建のための支店の統合・閉鎖という事情で、「会社都合による」という就業規則の定めにより当然解雇となるのはやむを得ないところです。しかし、本来なら地元雇用社員の人には、就業規則に退職金の定めがなく、支給していないのですが、平成18年5月31日を退職日として2ヶ月分相当額の特別退職金を一律支給することにしました。

5．今回のＸさんのような地元雇用社員の方も全社で20数名いました。そのうち何人かの人から異議が出ましたが、何とか支店長が説得して了解してもらいました。そこで、Ｘさんだけを特別扱いすることはできませんので、同じ条件でやめていただくことにして平成18年4月30日に解雇予告し、同年5月31日付の会社都合解雇とし、また同時に特別退職金も振込み支払いました。なお、当社には労働組合はありません。

〈あっせん事例〉　模範解答例と解説

Ⅰ　模範解答例及び出題の趣旨と配点

第1問

小問（1）

模範解答例

①人員整理の必要性があること。

②解雇回避の努力をしたこと。

③整理対象者の選定に合理性があること。

④整理手続が妥当であること。

出題の趣旨と配点

　一般的な整理解雇の基準（いわゆる4要素）の理解について問うもの。（20点）

☞ここがポイント

　「整理解雇の4要素」は大切な論点であり、第10回、第15回試験にも出題されている。この4要素の暗記は不可欠。

　従前は「整理解雇の4要件」などと言われていたが、これは要件のすべてを満たさなければ解雇無効となるのに対し、4要素とすると各要素の総合判断となり、ある要素が欠けていたとしても有効となる場合があるところに大きな違いがある。現在は、「4要素」が判例でも主流になりつつある。

　要素・要件の違いを理解していれば、どちらで表記しても構わない。

小問（2）

模範解答例

①Xが、Y社に対し、雇用契約上の権利を有する地位にあることを確認する。

②Y社は、Xに対し、平成18年6月1日より毎月25日限り、金19万円を支払え。

出題の趣旨と配点

　当事者間の権利関係を踏まえて特定社会保険労務士として都道府県労働局長にあっせんを申請する場合の「求め

☞ここがポイント

　解雇無効を訴える場合、「雇用契約上の権利を有する地位にあることの確認」と、「復職までの賃金の支払い請求」は、解答例のように、①②を2点セットとして、フレーズで覚えたい。

　なお、②の「限り」とは、「～までに」という意味で、支払いの期限のことである。

☞ここがポイント

　「請求の趣旨」とは、訴訟における原告（訴える側）の被告（訴えられる側）に対する主張。原告の主張が認められれば、普通は請求の趣旨がそのまま判決の主文（判決中の結論の部分）になる。

るあっせんの内容」として、単なるあっせんを求める事項ではなく訴状の「請求の趣旨」のように権利関係に立った記載を求めるものであり、本件の権利関係の基本的理解を問うもの。(10点)

小問（3）

模範解答例

Xは、勤務地限定特約のある地元雇用社員であるが、本件のような整理解雇に関しては、Xには何らの帰責事由が無いため、いわゆる整理解雇の4要素を満たしているか否かの見地から、その有効性につき、一般の解雇以上に

> **☞ここがポイント**
> ここでいう「労働者に帰責事由がない」とは、労働者に何ら責めに帰すべき事情が無い、法的責任を負う事由が無いということである。
> これは、反対の言い方をすると「労働者には保護事由がある」ということになり、労働者には法的に保護を受ける事由があるということになる。

厳格な判断をする必要性がある。本件では、Y社は、Xに対し、本社や隣県ブロック支社への転勤、あるいは出向などの雇用維持の措置を検討していないことから、解雇回避義務を尽くしているとは評価できない。よって、整理解雇に必要な要素を満たしているとは到底認められず、本件整理解雇は無効である。　　　　　　　　　　　　　　　　　　　　　　　　　　（241字）

出題の趣旨と配点

「支店に限って特約して雇用し転勤のない地元雇用社員」のケースについて、「支店の閉鎖により当然解雇となる」との使用者の主張に対する反論を求めるもので、整理解雇の具体的事案についての理解を問うもの。(20点)

小問（4）

模範解答例

Y社としては、Xら地元雇用社員に対してその雇用形態から、突然の支店閉鎖により整理解雇もやむを得ないところではあるが、Y社には、Xを本社

> **☞ここがポイント**
> 相手方が復職を求めている場合、まずは復職の可能性を探るべく、解雇回避の検討をする。それでも困難な場合、最終手段として金銭解決という流れになる。

や隣県ブロック支社への転勤、あるいは出向させるなどの雇用維持の措置の努力の余地があるため、その可能性を前向きに検討する必要性がある。仮に、そうした努力が功を奏さなかった場合に、Ｙ社は、Ｘに対して地元の他企業に再就職先をあっせんしたり、すでに支給した2カ月分の特別退職金の額を増額するなど、金銭解決の充実を図ることが考えられる。

(230字)

出題の趣旨と配点

　本設例について、特定社会保険労務士として会社の立場で紛争の解決を図るとした場合、実際上どのような方向に向けて具体的に努力することが考えられるか、その留意事項と解決策について理解を問うもの。(10点)

小問（5）

模範解答例

　Ｘは解雇無効を主張しているが、Ｙ社から同人の口座に振り込まれた賃金2か月分相当の退職金をそのままにしておくと、退職に同意したと受け止められる可能性がある。このため、Ｘは、Ｙ社に対し、本件解雇に対して異議があることに加えて、同金員につき、平成18年6月1日以降、復職までの間に支払われるべき賃金に充当する旨を記した内容証明郵便を送付することが望ましいと考えられる。

(181字)

> ☞**ここがポイント**
> 「内容証明郵便」とは、「誰が、誰宛てに、いつ、どんな内容の手紙を出したのか」ということを郵便局が公的に証明してくれる郵便。権利義務関係を争う場合、意思表示としての証拠能力が高いため、有効な手段として利用される。

出題の趣旨と配点

　会社から振り込まれた2カ月分相当の退職金について、そのまま受領してもよいのか、解雇の承認の問題についての理解を問うもの。(10点)

Ⅱ 論点整理

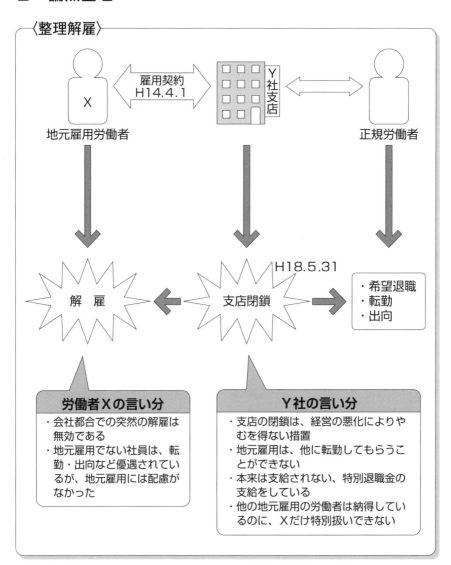

〈整理解雇〉

X
地元雇用労働者

雇用契約
H14.4.1

Y社支店

正規労働者

H18.5.31

解　雇 ← 支店閉鎖 →
・希望退職
・転勤
・出向

労働者Xの言い分

・会社都合での突然の解雇は無効である
・地元雇用でない社員は、転勤・出向など優遇されているが、地元雇用には配慮がなかった

Y社の言い分

・支店の閉鎖は、経営の悪化によりやむを得ない措置
・地元雇用は、他に転勤してもらうことができない
・本来は支給されない、特別退職金の支給をしている
・他の地元雇用の労働者は納得しているのに、Xだけ特別扱いできない

Ⅲ　解法の手順☞争点の概要を掴む

　この問題の大きな争点は、「整理解雇」と「勤務地限定特約」である。まず、解雇の意義から解説しておこう。

1　整理解雇

1　解雇の意義

　使用者と労働者との間に締結された労働契約は、いろいろな原因によって終了する。期間の定めのない労働契約については、当事者である労使の合意により解約すれば当然のこと、雇用期間が満了したときや労働者が定年退職したとき、休職満了したとき、労働者が不慮の事故や病気等で死亡したときなどの場合にも、契約は終了する。

　「解雇」も、労働契約の終了をもたらす1つの原因である。解雇は、労働契約に期間の定めがあるなしにかかわらず、使用者がその一方的意思表示によって、労働契約（雇用契約）を解除することを意味する。

　その点で、労使の合意で雇用契約を解約する合意解約とは異なり、また、労働者が一方的になす辞職とは大きく異なるのである。

　しかし、その解雇も、使用者が自由自在に行えるかというと、そうではない。

　解雇は、客観的に合理的な理由を欠き、社会通念上相当であると認められない場合は、その権利を濫用したものとして、無効とされるのである（労契法16条）。

　ちなみに、「解雇」の語は、民間の事業所または事業者の被雇用者が失職させられる場合に用いられ、公務員が職を解かれる場合は、解雇ではなく「免職」という。

　使用者が、労働者を解雇する場合には、解雇事由が必要とされる。解雇事由とは、就業規則や労働契約等に記載された解雇の理由である。この解雇事由に該当した場合に、初めて解雇の対象となるのである。

　こうした解雇事由については、就業規則上で明示することが求められており、「限定列挙」とされている。

なお、解雇事由による区別をした場合、解雇の種類は大きく３つに分類される。その３つとは、第１に、「普通解雇」であり、これは、労働契約を継続し難いやむを得ない事由があるときに認められる契約解除（解雇）であり、一般的には就業規則による解雇事由をもって行われる解雇をいう。第２に、「整理解雇」であり、これは、解雇の分類からいえば、普通解雇に属するものであるが、企業の経営の合理化によって生じる余剰人員を整理する方法として、使用者が労働者に対して行う労働契約解消の意思表示のことをいう。第３は、「懲戒解雇」であるが、これは、労働者に非違行為があるときに、懲戒処分の１つとして使用者が労働契約を終了させることをいう。

２　整理解雇とは

　本事案の場合、整理解雇に該当するわけだが、この整理解雇は、企業としての倒産を免れるという意味では有効的な手法ともいえるが、半面、一部の整理される労働者にすれば、企業が生き残るために自分たちが犠牲になることでもある。

　こうしたことから、労働者側には責めに帰すべき事由がないため、使用者側に厳しい制約が課せられている。これは、整理解雇の名の下に、安易な解雇がなされてはならないとの配慮からである。

　整理解雇にあたっては、使用者は労働者や労働組合に対し、整理解雇の必要性や規模、時期、方法等について説明し、十分に協議する義務があるとされており、これに違反する解雇は無効とされている。

　また、整理解雇の実施には、一般的に判例で慣例となった「整理解雇の４要件（要素）」によらなければならないとされている。

３　整理解雇の４要件（要素）とは

　整理解雇の４要件（要素）とは、具体的には、次の４つをいう。

> ① **人員整理の必要性**
>
> 　解雇をしなければ企業の維持・存続ができないほどの差し迫った必要性があること
>
> ② **解雇回避の努力**
>
> 　解雇回避のあらゆる努力が尽くされたこと
>
> ③ **整理解雇対象者選定の合理性**
>
> 　解雇対象となる労働者の選定基準、人選が、客観的・合理的なこと
>
> ④ **整理手続の妥当性**
>
> 　労働者個人及び労働組合に事前に十分な説明をして了解を求め、解雇の規模、時期、方法などについて、労働者側の納得を得る努力が尽くされたこと

　以上の４つの要件に違反する解雇は無効とされる。

　この４つの要件を具体的に示した最初の判例は、**大村野上事件**（長崎地大村支判　昭50.12.24）とされる。本件事件は、下着縫製品の製造・販売会社が、不況による注文減を理由に、解雇回避の努力をしないまま29人の労働者を指名解雇したものである。

　判例は、「４要件」を提示するにあたって、「余剰人員の整理を目的とするいわゆる整理解雇は……（中略）……、従業員たる地位を、労働者の責に帰すべからざる理由によって一方的に失わせるもの」と断じ、「賃金のみによって生存を維持している労働者及びその家族の生活を根底から破壊し、しかも不況下であればある程労働者の再就職は困難で、解雇が労働者に及ぼす影響は更に甚大なものとなるのであるから、使用者が整理解雇をするに当たっては、労働契約上の信義則より導かれる一定の制約に服するものと解するのが相当である」と述べている。

　この「整理解雇の４要件」のルールは、その後の**あさひ保育園事件**（福岡高判　昭54.10.24、最判　昭58.10.27）、**北原ウエルテック事件**（福岡地久留米支決　平10.12.24）、**北海道交通事業協同組合事件**（札幌地判　平12.4.25）の判例などに大きな影響を与えることになった。

① 人員整理の必要性

まず、整理解雇が、企業の運営上十分な必要性に基づいていること、ないしはやむを得ない措置であると認められることが必要といえる。

たとえば、整理解雇をしなければ企業が倒産必至の状況にある場合や、倒産までの状況になくても、余剰人員を抱えることが困難である場合、会社が高度の経営上の危機に瀕している状態にある場合などが該当する。

この点については、判例でも、「会社が極度の経営不振に陥り、企業倒産寸前に追い込まれた」場合（**池貝鉄工事件　最判　昭29.1.21**）、「企業が客観的に高度の経営危機にあり、人員整理の一環として解雇を行わなければ企業の維持存続が困難な」場合（**日新工機事件　神戸地姫路支判　平2.6.25**）、「業績の悪化は単に一時的なものではなく、その傾向が少なくとも今後数年は継続するものと予想される」場合（**明治書院事件　東京地判　平12.1.12**）など、いずれも厳しい判断が示されている。

なお、**池貝鉄工事件**では、「会社は一方的に人員整理基準を定め、これに基づき人員整理を実施しても、労働協約の定めに違反するものではない」と解雇の有効性を是認し、また、**明治書院事件**も、「人員削減の必要性を認めるに足りる合理的かつ客観的な理由があった。解雇権の濫用に当たらない」として、一部の人を除き業績悪化に伴う整理解雇を有効と認めている。

一方、**日新工機事件**では、「当時、経営悪化により人員整理の必要性があったとしても、原告に対する人選手続等について問題点が多く、客観的合理性に欠けるものがあるから、原告に対する本件解雇の意思表示は、解雇権の濫用である」として、解雇無効の判断を示している。この事件は、「移籍を拒否した者」が、整理解雇基準に該当するとして整理解雇され、その効力が争われた事案である。

② 解雇回避の努力

企業が、通常の解雇回避努力の観点から、ア配置転換の実施、イ労働時間の短縮、ウ出向の実施、エ一時帰休の実施、オ新規採用の中止、カ賃金の引き下げ、キ一時金の支給停止、ク昇給の停止、ケ役員報酬カット、コ賞与の支給停止、サ希望退職者募集、シ退職勧奨などの解雇回避措置を講

じているかどうかの点で、その解雇の有効性が判断される。

　最近は、こうした措置のほかに、時間外・休日労働を削減するだけでなく、積極的に所定労働時間を削減することによる、いわゆる「雇用創出型ワークシェアリング」を実施し、その効果として雇用を確保することを使用者に義務づけるべきであるとの声も出ている。

　そのため、これらの措置を行わずに整理解雇を行った場合には、解雇を回避するための努力を十分に果たしていないとされ、整理解雇は無効とされる。また、解雇回避措置は、前記の措置の1つだけ実施していればよいというものではなく、企業として取り得る措置をすべて取っているかどうかも重要な判断要素となる。

　判例でも、営業要員の削減が必要とされた状況下において、被解雇者が営業以外の職種を希望していたにもかかわらず、関連会社への出向を含めた検討を行わずに整理解雇をしたことは、解雇回避努力の観点から問題があるとして、整理解雇を無効としている（**マルマン事件　大阪地判　平12．5．8**）。

　また、出向と任意退職の解雇回避措置しか取らなかった会社が、出向を拒否した労働者を解雇した事案について、希望退職の募集を1回もしていないことが問題とされ、解雇を回避する措置が不十分であるとして、整理解雇を無効としている（**大阪造船所事件　大阪地決　平元．6．27**）。

③　整理解雇対象者選定の合理性

　もともと整理解雇は労働者の責めに帰すべき事由による解雇ではないため、だれを解雇するかについて、客観的・合理的な基準に基づいて決定されていなければならない。

　仮に、使用者がその恣意的判断によって、解雇の対象者を決めたと判断された場合には、その整理解雇は無効とされる。

　したがって、解雇の対象者の基準としては、客観的・合理的であり、かつ、労働者側の納得も得られるような基準にする必要がある。

　一般的な基準としては、ア労働者の能力を基準に、劣る者から人選する方法、イ解雇によって、労働者の被る生活上の打撃の少ない者から人選する方法、ウ公平の見地から、機械的に人選する方法——のほか、若年、定年

予定者、勤続年数が一定年限以下・以上の者、勤務成績の低い者などが考えられる。

判例では、財政の逼迫により人員削減を迫られた学校法人で、高校音楽教諭が不適格性を理由として整理解雇された事案について、「解雇の対象者としたことには合理性がある」と解雇の有効を認めている（**平和学園高校事件　東京高判　平15.1.29**）。

④　**整理手続の妥当性**

整理解雇は、もっぱら会社側の経営上の必要性において行われ、労働者には解雇されるような原因がないことから、使用者は、労働者の理解と協力を得るために、誠意をもって、最大限の努力をすることが求められる。

具体的には、会社の経営状態や解雇回避措置の内容の説明のほか、整理解雇対象者の人選基準などについて、整理解雇を実施する前に、労使間で十分に協議し、労働者の納得を得る必要性がある。

これらの内容について、労使間で十分な協議を行わずに整理解雇を行った場合には、この解雇は無効とされる。判例も、「企業の側が、整理解雇の必要性及び解雇対象者の選定基準等について、従業員の側に十分説明し、協議をすることは当然のこと。判断を待つまでもない」（**前掲・日新工機事件**）と指摘している。

ちなみに、「整理解雇の4要件」については昭和50年以降の伝統的な考え方であった。しかし、近年の裁判は、4要件ではなく、4要素として総合的に判断するケースも一般化してきている（**ナショナル・ウエストミンスター銀行事件　東京地決　平12.1.21**）。

つまり、原則として、4要件の場合は、それらすべてを満たさなければ整理解雇の効力は認められず解雇無効となるのに対し、4要素の場合は、それぞれの要素の総合判断となるため、ある要素が欠けていたとしても有効となる場合があることに違いがある。

2 勤務地限定特約

次に、勤務地限定特約についてである。労働契約に、勤務地限定特約が

ある場合、例えば、勤務地限定で現地採用された労働者の場合、本来、他の事業所への配転命令を受けることがないので、当該勤務地の事業所が閉鎖されれば、原則として、労働契約は終了することになる。

しかし、そうした場合でも、当該配置転換を行うことができるか否かの検討を加え、労働者が配置転換を希望していて、配置転換の可能性が肯定できる場合には、労働者の意向を十分に汲み取ることが必要とされる。

この点につき、判例では、閉鎖する大阪支店で従業員が整理解雇された事案について、大阪支店のみで希望退職の募集を行った後に行われた解雇は有効と判断している。

その理由として、

> ①　大阪支店は独立採算制が採られている
> ②　従業員の採用方法も他の支店と異なり、勤務地を大阪支店と明示して採用しているので、他の支店で希望退職の募集をする義務はない
> ③　他の支店への配置転換も困難な状況であった

などの点を指摘している（シンガポール・デベロップメント銀行（仮処分異議申立）事件　大阪地判　平12．5．22）。

このケースから判断する限りにおいて、独立採算制が採られている事業所で、しかも、採用も事業所独自に行われているなどの場合には、企業全体で解雇回避措置を取らなくとも、廃止する事業所単独で解雇回避措置が取られていれば、整理解雇の有効性が認められる可能性は高いと判断される。

また、勤務地限定で現地採用された労働者の解雇に関しては、出版社の長野分室の閉鎖に伴い、同分室に現地採用された労働者の整理解雇の効力が争われた廣川書店事件（東京地決　平12．2．29）がある。

判決は、事業所閉鎖がやむを得ないものであっても、解雇によって生計維持の道が断たれるという労働者の苦境を考えれば、「（労働者本人）が、本社への配置転換を希望していた本件においては、配置転換の可能性が肯定できる場合には、『冗員』には該当しない」として、解雇回避努力義務

としての配転の可能性を検討すべきものとしながらも、結局、当該整理解雇は有効と判断されている。

その理由として、

---

① 経営状況や業務量から見ても、本社において受け入れる余地がない

② 当該労働者を編集業務に就かせることも困難である

③ 営業成績が悪いため営業部門への配転も無理であり、他部署へ配転させることができない

④ 解雇手続きも不相当とはいえない

などの点を指摘している。

3 ここがポイント・番外編

1 請求の趣旨

紛争解決手続代理業務試験では、これまで第1問の小問（1）で、「求めるあっせんの内容」を答えさせる問題が出題されている。そして、これに対応する「出題の趣旨」では、この記載について「請求の趣旨のように」という表現がされている。

この「請求の趣旨」とは、民事訴訟における原告（訴える側）の被告（訴えられる側）に対する主張である。原告の主張が認められれば、普通は「請求の趣旨」がそのまま判決の主文（判決中の結論の部分）になる。

ちなみに、訴訟における請求は、3つの基本類型に整理できる。それは、まず給付を求めるもの（**給付訴訟**）、次に、確認を求めるもの（**確認訴訟**）、最後に法律関係の形成を求めるもの（**形成訴訟**）、の3つである。本設問の場合、前2つの請求となっていることがわかる。すなわち、労働契約が継続していること、労働者としての地位があることを確認する小問（1）の解答①は、確認訴訟であり、復職までの給料の支払いを求める請求である解答②は、給付訴訟に当たる。

また、訴訟における主張とは、法的な主張であることを要するため、権利関係（権利義務関係）に基づくものでなければならない。つまり、自分

に何らかの権利があること、あるいは、相手方に何らかの義務が存在することを主張する必要がある。

2　保護事由と帰責事由のバランス

個別労働関係紛争に限らず、およそ労使トラブル全般は、「**保護事由と帰責事由のバランス**」によって解決がなされるといっても過言ではない。

保護事由とは、法的に保護を受けるべき事由のことをいう。他方、**帰責事由**とは、法的な責任を追求される原因となる事由のことである。つまり当事者にとってプラスとなる材料が保護事由、マイナスとなる材料が帰責事由ということになるといってよい。

労使トラブルの多くの場面で、保護事由と帰責事由は表裏一体の関係にある。例えば解雇事案なら、労働者側に帰責事由、つまり解雇されてもやむを得ない事由があるとすれば、使用者側には、保護事由、すなわち解雇を正当化できる事由が存在することになる。そしてその場合、労働者側の帰責事由が大きくなればなるほど、使用者側の保護事由もまた大きくなる関係といえる。

具体例を挙げれば、労働者がある日、5分の遅刻をしたからといって、すぐに解雇することはできない。それは極めて軽微な非違行為だからである。他方、会社の金を何百万円も横領して、ギャンブルに使い込んだことが発覚し、逮捕・起訴された労働者を就業規則に基づいて解雇しても、会社の対応は正当であると評価される。それは、労働者の帰責事由が大きいからである。

このように、労働問題を捉える場合には、事案の性質上、「保護事由と帰責事由のバランス」を常に考え、常識的に判断する視点が問われる。

3　遅延損害金

本設問では「遅延損害金」についての記述はないが、民事訴訟における「請求の趣旨」につき、この「遅延損害金」の請求がされることが少なくない。ちなみに、紛争解決手続代理業務試験では、あっせん問題の第1問の小問（1）において、末尾のただし書において「遅延損害金の請求は記

載しないでよい。」という記載もあることなどからして、「遅延損害金」にかかる知識は必要である。よってこの点につき、以下に解説する。

　問題文において遅延損害金（遅延利息）の請求が労働者の求めとして書かれていた場合、あるいは、問題文中に遅延損害金の請求をするようにとの指定があった場合は、「**Y社はXに対し、平成○年○月○日以降、毎月○日限り金○万円及びこれらに対する各支払日の翌日から支払済みまで年○分の割合による金員を支払え。**」という記載をすることになる。

　たとえば、携帯電話や電力などの公共料金を期日に支払わなければ、一定の金利を上乗せして請求されることがある。これと同じように、未払いの賃金に対しても、本来支払うべき賃金の支払日から、その義務が履行されるまでの間（支払いがされるまでの間）、「遅延損害金」が発生する。よって、訴訟では、この遅延損害金につき、損害賠償金の支払い請求や、未払い賃金の支払い請求に併せて、請求することが一般的である。ちなみに、遅延損害金の利率は当事者間で約束がある場合はそれに従い、約束がない場合は、法定利率が適用される。

　未払賃金に関して相手方が営利企業である場合、商法の定める年6分（6％）の商事法定利率（商法514条）が適用され、他方、営利企業でない場合は、民法の定める年5分の民事法定利率（民法404条）が適用されることとなることを覚えておきたい。

〈倫理〉　　　模範解答例と解説

I　模範解答例及び出題の趣旨と配点

第2問

小問（1）

模範解答例

　甲は、Ｂ社からの依頼を受けることができない。先に甲が、当該紛争に関しＡから受けた相談は、社労士法22条2項1号の「協議」に該当し、申請内容や手続について指導したことは、同号の「賛助」に当たる。よって、当該事件につき相手方であるＢ社の代理人となって紛争解決手続業務を行うことは禁止される。　　　　　　　　　（143字）

> ☞ **ここがポイント**
>
> 　倫理の問題は、特定社労士の業務範囲（社労士法22条）において、法的制限を受けるものと、社労士全体が倫理として制限される場合の、2つに大別される。
> 　後者においては、「利益相反」・「信義則」・「守秘義務」といった、専門用語が出てくることも少なくないので、番外編に後述する。

小問（2）

模範解答例

　甲は、Ｂ社からの依頼を受けることはできない。社労士法22条2項1号は、Ａの同意を条件として、Ｂ社の代理人となって紛争解決手続代理業務を行うことを認めていない。なお、受任している事件の依頼者の同意を条件として紛争解決手続代理業務を行うことを認めているのは、当該事件の相手方からの依頼による他の事件である。　　　　　　　　　（150字）

出題の趣旨と配点　（小問（1）及び（2））

　社会保険労務士法22条は特定社会保険労務士が業務を行い得ない事件を定めているが、本問は、主に同条2項の理解の程度を問う倫理の問題である。

　ここでは、同項が定められた理由、「協議を受けて賛助する」ことの意義、そして、同項については、受任している依頼者の同意があって

も、代理業務ができないと定められていることについての正確な知識と理解が求められる。（ともに15点）

Ⅱ 論点整理

〈特定社会保険労務士の業務を行えるか？〉

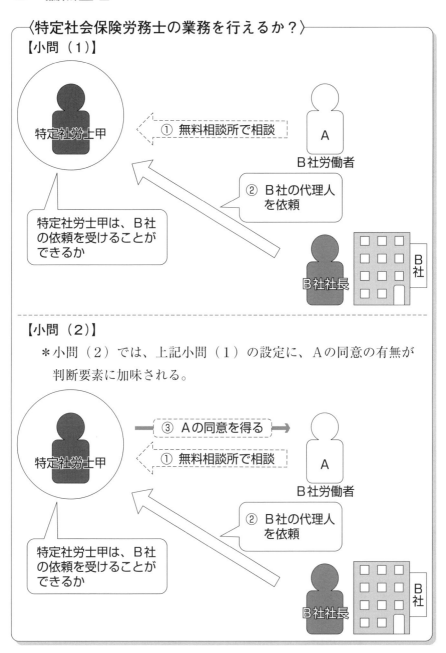

【小問（1）】

① 無料相談所で相談

A
B社労働者

② B社の代理人を依頼

特定社労士甲

特定社労士甲は、B社の依頼を受けることができるか

B社社長
B社

【小問（2）】

＊小問（2）では、上記小問（1）の設定に、Aの同意の有無が判断要素に加味される。

③ Aの同意を得る

① 無料相談所で相談

A
B社労働者

特定社労士甲

② B社の代理人を依頼

特定社労士甲は、B社の依頼を受けることができるか

B社社長
B社

Ⅲ 解法の手順☞争点の概要を掴む

　この問題の大きな争点は、「特定社会保険労務士が行いうる業務範囲」についてである。

1 特定社会保険労務士の業務

1 特定社会保険労務士が行える業務

　まず、社会保険労務士が行える業務については、社会保険労務士法2条に定められている。このうち、特定社会保険労務士としてできる業務は、1項1号の4から1号の6の業務、及び3項の業務である。

参考 社会保険労務士法

（社会保険労務士の業務）
第2条　社会保険労務士は、次の各号に掲げる事務を行うことを業とする。
　1．別表第1に掲げる労働及び社会保険に関する法令（以下「労働社会保険諸法令」という。）に基づいて申請書等（行政機関等に提出する申請書、届出書、報告書、審査請求書、異議申立書、再審査請求書その他の書類（その作成に代えて電磁的記録（電子的方式、磁気的方式その他人の知覚によっては認識できない方式で作られる記録であって、電子計算機による情報処理の用に供されるものをいう。以下同じ。）を作成する場合における当該電磁的記録を含む。）をいう。以下同じ。）を作成すること。
　1の2．申請書等について、その提出に関する手続を代わってすること。
　1の3．労働社会保険諸法令に基づく申請、届出、報告、審査請求、異議申立て、再審査請求その他の事項（厚生労働省令で定めるものに限る。以下この号において「申請等」という。）について、又は当該申請等に係る行政機関等の調査若しくは処分に関し当該

行政機関等に対してする主張若しくは陳述（厚生労働省令で定めるものを除く。）について、代理すること（第25条の２第１項において「事務代理」という。）。

1の４．個別労働関係紛争の解決の促進に関する法律（平成13年法律第112号）第６条第１項の紛争調整委員会における同法第５条第１項のあっせんの手続並びに雇用の分野における男女の均等な機会及び待遇の確保等に関する法律（昭和47年法律第113号）第18条第１項、育児休業、介護休業等育児又は家族介護を行う労働者の福祉に関する法律（平成３年法律第76号）第52条の５第１項及び短時間労働者の雇用管理の改善等に関する法律（平成５年法律第76号）第22条第１項の調停の手続について、紛争の当事者を代理すること。

1の５．地方自治法（昭和22年法律第67号）第180条の２の規定に基づく都道府県知事の委任を受けて都道府県労働委員会が行う個別労働関係紛争（個別労働関係紛争の解決の促進に関する法律第１条に規定する個別労働関係紛争（労働関係調整法（昭和21年法律第25号）第６条に規定する労働争議に当たる紛争及び特定独立行政法人等の労働関係に関する法律（昭和23年法律第257号）第26条第１項に規定する紛争並びに労働者の募集及び採用に関する事項についての紛争を除く。）をいう。以下単に「個別労働関係紛争」という。）に関するあっせんの手続について、紛争の当事者を代理すること。

1の６．個別労働関係紛争（紛争の目的の価額が民事訴訟法（平成８年法律第109号）第368条第１項に定める額を超える場合には、弁護士が同一の依頼者から受任しているものに限る。）に関する民間紛争解決手続（裁判外紛争解決手続の利用の促進に関する法律（平成16年法律第151号）第２条第１号に規定する民間紛争解決手続をいう。以下この条において同じ。）であって、個別労働関係紛争の民間紛争解決手続の業務を公正かつ適確に行うことができると認められる団体として厚生労働大臣が指定するものが行

うものについて、紛争の当事者を代理すること。

  2．労働社会保険諸法令に基づく帳簿書類（その作成に代えて電磁的記録を作成する場合における当該電磁的記録を含み、申請書等を除く。）を作成すること。

  3．事業における労務管理その他の労働に関する事項及び労働社会保険諸法令に基づく社会保険に関する事項について相談に応じ、又は指導すること。

2　前項第1号の4から第1号の6までに掲げる業務（以下「紛争解決手続代理業務」という。）は、紛争解決手続代理業務試験に合格し、かつ、第14条の11の3第1項の規定による付記を受けた社会保険労務士（以下「特定社会保険労務士」という。）に限り、行うことができる。

3　紛争解決手続代理業務には、次に掲げる事務が含まれる。

  1．第1項第1号の4のあっせんの手続及び調停の手続、同項第1号の5のあっせんの手続並びに同項第1号の6の厚生労働大臣が指定する団体が行う民間紛争解決手続（以下この項において「紛争解決手続」という。）について相談に応ずること。

  2．紛争解決手続の開始から終了に至るまでの間に和解の交渉を行うこと。

  3．紛争解決手続により成立した和解における合意を内容とする契約を締結すること。

4　第1項各号に掲げる事務には、その事務を行うことが他の法律において制限されている事務並びに労働社会保険諸法令に基づく療養の給付及びこれに相当する給付の費用についてこれらの給付を担当する者のなす請求に関する事務は含まれない。

2　特定社会保険労務士が業務を行えない事件

特定社会保険労務士が業務を行えない事件は、社会保険労務士法第22条各号に定められている。

参考 **社会保険労務士法**

（業務を行い得ない事件）

第22条　社会保険労務士は、国又は地方公共団体の公務員として職務
上取り扱った事件及び仲裁手続により仲裁人として取り扱った事件
については、その業務を行ってはならない。

2　特定社会保険労務士は、次に掲げる事件については、紛争解決手
続代理業務を行ってはならない。ただし、第3号に掲げる事件につ
いては、受任している事件の依頼者が同意した場合は、この限りで
ない。

1．紛争解決手続代理業務に関するものとして、相手方の協議を受
けて賛助し、又はその依頼を承諾した事件

2．紛争解決手続代理業務に関するものとして相手方の協議を受け
た事件で、その協議の程度及び方法が信頼関係に基づくと認めら
れるもの

3．紛争解決手続代理業務に関するものとして受任している事件の
相手方からの依頼による他の事件

4．開業社会保険労務士の使用人である社会保険労務士又は社会保
険労務士法人の社員若しくは使用人である社会保険労務士として
その業務に従事していた期間内に、その開業社会保険労務士又は
社会保険労務士法人が、紛争解決手続代理業務に関するものとし
て、相手方の協議を受けて賛助し、又はその依頼を承諾した事件
であって、自らこれに関与したもの

5．開業社会保険労務士の使用人である社会保険労務士又は社会保
険労務士法人の社員若しくは使用人である社会保険労務士として
その業務に従事していた期間内に、その開業社会保険労務士又は
社会保険労務士法人が紛争解決手続代理業務に関するものとして
相手方の協議を受けた事件で、その協議の程度及び方法が信頼関
係に基づくと認められるものであって、自らこれに関与したもの

② 相手方の協議を受けて賛助し、又はその依頼を承諾した事件

ここで、22条2項1号の用語を確認しておきたい。

まず、「**相手方**」とは、判例（**不動産所有権確認等事件　水戸地判　昭34. 5 . 27**）によれば、「現に相反する利害を持つ当事者間においてある法律行為をなす場合、あるいは一定の紛争を前提とする法律上の利害相反する当事者をさすものをいうべきである」としている。したがって、外形的に紛争があるように見えても、当事者間に実質的な争いがない場合は、ここでいう「相手方」にはあたらない。

次に、「**協議を受けて**」とは、具体的事件の内容について、法律的な解釈や解決を求める相談を受けることをいう。したがって、単に、話を聞いただけであるとか、立ち話や雑談の域を出ないものであって、法律的な解決にまで踏み込まないものについては、ここでいう「協議を受けて」にはあたらない。

最後に、「**賛助**」とは、協議を受けた具体的事件について、相談者が希望するような解決を図るために助言することをいう。内容としては、相談者に対して事件に関する見解を述べたり、とるべき法律的手段等を教えることである。したがって、相談者の希望しない反対の意見を述べた場合等には、ここでいう「賛助」にあたらない。

［相手方との関係］

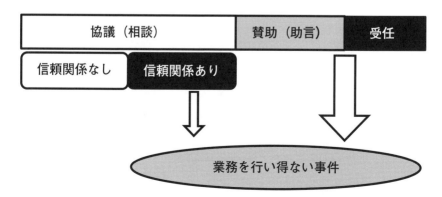

こうした内容を踏まえたうえで、本設問の内容が、こうした判断要素に照らし、どうであるかを判断するものである。

③　ここがポイント・番外編（社会保険労務士の倫理に関する規定）

以下の社労士法の条文は、特定社会保険労務士のみならず、すべての社会保険労務士に求められる倫理規定である。

1　公正誠実義務（社会保険労務士の職責）

第1条の2　社会保険労務士は、常に品位を保持し、業務に関する法令及び実務に精通して、公正な立場で、誠実にその業務を行わなければならない。

2　信用失墜行為の禁止

第16条　社会保険労務士は、社会保険労務士の信用又は品位を害するような行為をしてはならない。

3　秘密を守る義務

第21条　開業社会保険労務士又は社会保険労務士法人の社員は、正当な理由がなくて、その業務に関して知り得た秘密を他に漏らし、又は盗用してはならない。開業社会保険労務士又は社会保険労務士法人の社員でなくなった後においても、また同様とする。

こうした条文がどのような場面で問題となるかというと、法律上は一見、社会保険労務士が受任できるケースに該当しているようであっても、上記に該当していると考えられる場合には、たとえ依頼があってもそれを受任すべきではないということである。

たとえば、長年の顧問会社として、当該会社の労務管理に携わってきた社会保険労務士の下に、その会社を解雇された労働者が、同社を提訴する目的で相談に訪れた場合を考えてみる。当該社労士は、当然に、業務で知

り得た顧問会社の秘密を知っているわけであり、このような状況で同社を解雇された労働者の依頼を受けたとしたならば、その秘密を、紛争の相手方である労働者に話すことが十分に想定される。社会保険労務士のこうした対応は、秘密を守る義務に違反する（21条違反）し、同時に社労士の信用又は品位を害する行為（16条違反）であり、さらには、誠実義務にも違反（第1条の2）する。

　このようなケースは、「利益相反」行為ともいえる。

　利益相反とは、信任を得て職務を行う地位にある人物（たとえば、政治家、企業経営者、弁護士、医療関係者、研究者など。もちろん、社会保険労務士も含まれる。）のように、その立場上追求すべき利益・目的（利害関心）と、その人物が他にも有している立場や個人としての利益（利害関心）との、利益が衝突している状態をいう。そうした場合、当然のことながら、その人物の地位が要求するそれぞれの義務を果たすのは困難である。

　よって、弁護士等と同様に、社会保険労務士も、利益相反に相当するであろう事件の依頼を受任することはできない。

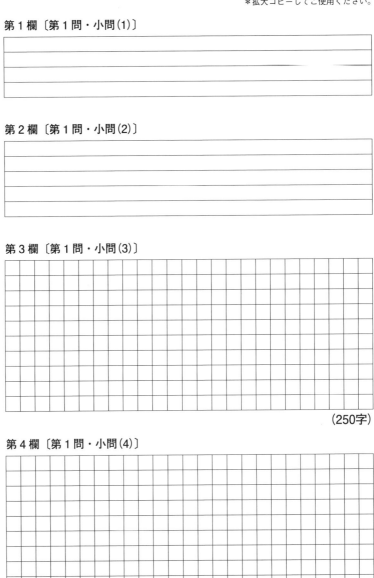

第1回　紛争解決手続代理業務試験　解答用紙

＊拡大コピーしてご使用ください。

第1欄〔第1問・小問(1)〕

第2欄〔第1問・小問(2)〕

第3欄〔第1問・小問(3)〕

(250字)

第4欄〔第1問・小問(4)〕

(250字)

第 5 欄〔第 1 問・小問(5)〕

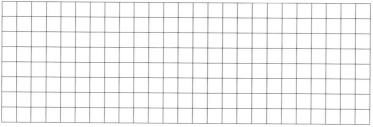

（200字）

第 6 欄〔第 2 問・小問(1)〕

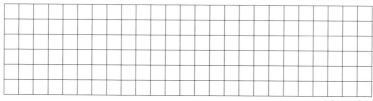

（150字）

第 7 欄〔第 2 問・小問(2)〕

（150字）

46

第15回

紛争解決手続代理業務試験問題
（令和元年11月23日実施）

第15回　紛争解決手続代理業務試験問題

（注　意）

1. 係員の指示があるまで、この問題用紙を開かないでください。
2. 別に配布した解答用紙（その１）及び解答用紙（その２）の該当欄に、試験地、８ケタの受験番号（※特別研修の受講番号ではありません。）及び氏名を必ず記入してください。（受験番号や氏名の記入のないものは採点しません。）
3. 試験時間は、２時間です。
4. 試験問題は、記述式です。
5. 問題の解答は、所定の解答用紙に記入してください。所定の解答用紙以外の用紙に記入した解答は、その部分を無効とします。また、解答用紙の試験地、受験番号及び氏名欄以外の箇所に、特定の氏名等を記入したものも、無効とします。
6. 解答用紙への解答の記入は、黒インクの万年筆又は黒インクのボールペン（ただし、インクが消せるものを除きます。）を使用してください。修正する場合は、二重線で消し、訂正してください（修正液は使用不可）。
7. 解答に当たっては、参考書、六法全書等の閲覧は一切認めません。
8. 鉛筆、消しゴム等の筆記具及び筆箱は鞄等にしまって足下においてください。また、携帯電話及びウェアラブル端末等の通信機器類についても、必ず電源を切って鞄等にしまって足下においてください。
9. 解答用紙は書損じ等による追加配付、取替はしません。
10. 試験時間中に不正行為があった場合、受験は直ちに中止され、その解答は無効なものとして取り扱われます。
11. 試験問題に関する質問には、一切お答えしません。
12. 試験問題は、試験時間終了後、持ち帰ることができます。途中で退室する場合には、持ち帰ることができません。

第１問　別紙１、２記載のX及びY社の「言い分」に基づき、以下の**小問（１）**から**小問（５）**までに答えなさい。

小問（１）　本件において、Xの立場に立って、特定社会保険労務士としてXを代理し、本件解雇の無効を主張し、Xを申請人、Y社を被申請人として「個別労働関係紛争の解決の促進に関する法律」に基づき都道府県労働局長にあっせん申請（以下「本件手続」という。）をするとして、当事者間の権利関係を踏まえて記載するとした場合の「求めるあっせんの内容」はどのようになりますか。解答用紙第１欄に記載しなさい（ただし、遅延損害金の請求は記載しないでよい。）。

小問（２）　特定社会保険労務士として、Xを代理して、Xの立場に立って、本件手続を申請し、Xの解雇が、期間の定めのある労働契約期間中の整理解雇として、適法になされたものではないとして無効を主張する場合、それを基礎づける具体的主張事実を、解答用紙第２欄に簡潔に箇条書きで５項目以内にまとめて（例えば、①「Xは脅迫を受けて退職願いを出したこと。」等の要領）記載しなさい。

小問（３）　特定社会保険労務士として、Y社を代理して、Y社の立場に立って、本件手続においてXに対する解雇が有効であると主張する場合、それを基礎づける具体的主張事実を、解答用紙第３欄に簡潔に箇条書きで５項目以内にまとめて（例えば、①「Xは本件退職願いをもって退職の意思を表示したこと。」等の要領）記載しなさい。

小問（４）　本件事案について、双方の主張事実や本件事案の内容等を踏まえて本件解雇の効力について考察し、その法的判断の見通し・内容を、解答用紙第４欄に250字以内で記載しなさい。

小問（5） 本件事案について、Xの代理人である特定社会保険労務士として、本件「あっせん手続」において、上記小問（4）の「法的判断の見通し・内容」を踏まえ、Y社側の主張事実も考慮し、妥当な現実的解決を図るとした場合、どのような内容の提案を考えますか。解答用紙第5欄に250字以内で記載しなさい。

第2問 以下の**小問（1）**及び**小問（2）**に答えなさい。

小問（1） 平成28年11月に特定社会保険労務士甲の友人であるAが、総務部長としてB社に中途採用された。当時B社では、別の社会保険労務士を顧問としていたが、Aは、社長に甲を推薦して、同社の顧問を甲に変更してもらった。それ以降甲は、B社から、人事制度についての相談を受けたり、社員との個別紛争についてのあっせんの代理などを受任したりしていた。

　しかし、本年10月に社長は引退し、その息子のCが新社長に就任した。Cは、甲を解任して、以前の社会保険労務士を顧問に復帰させた。これにAが異を唱えたところ、Cから退職勧奨を受け、Aがこれに応じなかったところ、協調性を欠くなどとして、本年11月20日付で解雇された。これに対してAは、地位の確認を求めてあっせんの申請をすることとし、甲にその代理を依頼してきた。

　甲は、Aからの依頼を（ア）「受任できる」か、（イ）「受任できない」かを、解答用紙第6欄の結論欄に記号で記載し、その理由を理由欄に250字以内で記載しなさい。

小問（2） 社会保険労務士法人の丙は、昨年4月より、D社の内部通報窓口業務を受任し、当時丙の勤務社会保険労務士であった乙も、他の勤務社会保険労務士と分担して、その窓口業務を担当した。この窓口業務では通報者が匿名の場合、窓口業務担当者も氏名を明かさず、匿名で聞き取ることとされていた。

　本年6月に乙は、D社社員を名乗る匿名の電話で、D社のE部長が女性社員のFに対して、セクハラを繰り返しているとの通報を受け、D社に対してその聞き取り内容を報告した。その報告を受けてD社の人事部長が、E部長及びFに対して事情聴取を行ったが、E部長もFも、通報内容には心当たりが無いとのことであった。この件は、通報が匿名であったこともあり、それ以上の問題とはならず、E部長に対する注意や処分などはなされないままであった。

　乙は、本年10月初めに丙を退職して独立した。その2週間後にFから、D社に対して損害賠償を求めてあっせんの申請がなされた。この事件について、D社の人事部長から乙に、受任してもらえないかとの打診があった。乙がその申立内容を見ると、FはE部長からのセクハラで、以前からのうつ状態が悪化したこと、本年6月に、勇気を振り絞って匿名で通報を行ったが、社内での事情聴取ではE部長が怖くてセクハラのことは言い出せなかったこと、その後E部長からのセクハラはなくなったが、うつ状態が悪化して退職せざるを得なくなったことなどが書かれていた。

　乙は、D社からの依頼を（ア）「受任できる」か、（イ）「受任できない」かを、解答用紙第7欄の結論欄に記号で記載し、その理由を理由欄に250字以内で記載しなさい。

〔Xの言い分〕

1. 私は、東京都内の大学を卒業し、都内の会社で働いていましたが、実家の都合で両親の世話をする必要から当県に戻り、そこで県内で有名な進学塾Yゼミナールを経営するY株式会社（以下「Y社」という。）が進学塾の事務員を募集していることを知り、講師をしている友人の紹介で応募し、平成28年4月1日付をもって、有期契約社員としてY社の事務職員に採用され、自宅近くの「甲校」に配属されました。

2. 採用にあたっては、1年間の雇用期間の定めのある契約で、業務の内容は塾の一般事務とし、勤務条件などについても説明があり、雇用契約を結びました。賃金は、時給1,200円で月平均で約20万円程度ということであり、実際も当初の賃金はその程度でした。

　　その後、3回契約が更新され、その都度賃金等の協議をして契約を結び、今日に至っております。なお、最新の今年4月1日付の更新時の雇用契約書を添付します。

3. ところが、今年の7月下旬に、Y社の総務部長さんが来校し、Yゼミナール全体について経営縮小のための合理化対策を実施することになり、その計画に基づいて私の勤務する甲校が「乙校」と統合し、廃止されるので、就業規則に従って9月末日をもって私に退職してほしいと言われました。甲校の事務担当者としてはAさんと私の2人ですが、Aさんは主任で、移管となる甲校関係の担当として統合する乙校に異動し、引き続き業務を行うことになるということでした。私も乙校に異動して引き続き塾のために働くことを希望しましたが、総務部長さんは、「あなたには今年度の更新の際に甲校が廃止されるかも知れないのでその時は退職してもらうことになると事前に話しているはずだ。そこで勤務場所が廃止されるので働く場所がなくなるため退職してほしい。」と言われました。

4．それに対し、私には少なくとも来年3月の雇用期間いっぱいは勤務する必要があると申し上げました。

　　私は、都内の会社を退職して帰省してから、ある大学の通信教育を受けており、現在の勤務はこのコースの勉強に適しており、来年3月には卒業予定になっておりますので、雇用期間いっぱいの来年3月末日までは勤務させてほしいと申し上げ退職は拒否しました。ところが、総務部長さんは、そのことが、今回の人員整理にあたってあなたに早期退職を求める理由になっている、と次のように言われました。「あなたは、心理学コースを選択しているようで、卒業論文作成の目的で、青少年の心理の状況について、いろいろと生徒達から取材しているようであり、親の方から苦情が来ている。個人情報上の問題や生徒への影響などで塾としては重大な事項で、これが噂になったりSNSなどで広がると大変なことになるので、早期に退職していただく必要があるのだ。」ということです。

　　この点について、私は主任のAさんに通信教育受講のこと、心理学コースや卒業論文のテーマとして「青少年の心理」をとりあげて資料を集めていることなどを雑談の中で言ったことがあります。しかし、生徒からの取材といったことについては一切しておりません。私は、講師ではありませんが、進学塾の一員として塾の生徒達が明るく学習できるようにできるだけ話しかけ、意欲をもって学習してもらいたいのでサポートするつもりで、生徒達とは折に触れて話すようにしているわけですが、決して私の卒業論文作成の取材といったことではないと申し上げたのですが、総務部長さんは信じてくれませんでした。

5．また、今年4月1日付の雇用契約の更新の時のことですが、塾全体の縮小計画があり、甲校を廃止し乙校に統合されることになるかも知れないのでその時は退職となるという話はありましたが、それはあくまでも計画であり、はっきりしたものではありませんでした。したがって、契約書にはこのことは何も書かれていませんし、これを私が承諾したものでもありません。

6．総務部長さんからは、その後もう一度話があり退職にあたっては一時
　金として３ヵ月分支払うので、再考してほしい、と言われましたが、私
　は雇用期間いっぱい働きたいので退職するわけにはいかないと申しまし
　た。

7．これに対し、総務部長さんは、塾校の廃止という経営上のやむを得な
　い状況に至ったので、経営的にも余剰人員を抱えるわけにはいかず、ま
　たあなたには前述した問題があるので特に削減対象者の中でも第１順位
　として退職を求めるわけである。また、あなたは１年毎の有期契約で未
　だ３回しか更新しておらず、他の対象の人達はみな今回の縮小計画を理
　解して、９月末日付の退職を承諾しているのにあなただけを特別に扱う
　わけにはいかない。まだ若いので他に就職が十分可能なので何とか退職
　を承諾してほしいと言われました。しかし、私が塾や生徒のために行っ
　ている善意からの生徒への声かけなどの行為が誤解されており、私の考
　えは変わらないので退職の勧奨には応じられないとお断りしました。

8．Ｙ社の縮小計画としての甲校の廃止ということですが、甲校では確か
　に生徒は減っていますが、依然として名門の中高一貫校への進学率や有
　名大学への合格率が高く、生徒は相当集まっていますので、甲校の廃止
　は必要ないとも思います。また乙校の方は生徒が増加していますので、
　私もＡさんとともに異動することによる雇用継続は可能なはずです。

9．Ｙ社は、統合で廃止される３校以外の存続する他の塾校についても一
　般事務は簡素化するので、私を配転して、雇用を継続することはできな
　いと言っています。しかし、Ｙゼミナール全体的にみれば私の働くとこ
　ろはあるのではないかと思います。

10．このような経緯から、私は結局、８月20日に９月末日をもって解雇す
　る旨の予告を受け、９月末日付で解雇となりました。
　　　私の給与は、時給ですが、少なくとも月額賃金としては220,000円を

下廻ることはありません。支払いは毎月末日〆切の翌月20日払いとなっています。

11. 上記のとおりですので、よろしくお願いします。

以上

雇 用 契 約 書

X　　　殿

事業場名称　Ｙ株式会社
所在地　　○○市○○町○○番地
使用者職氏名　　○○○○　　㊞

契約期間	期間の定めあり（平成３１年４月１日〜平成３２年３月末日）
就業の場所	Ｙゼミナール甲校
従事すべき業務の内容	一般事務
始業・終業の時刻、休憩時間、就業時転換、所定時間外の労働の有無に関する事項	1　始業（10時　　分）　　終業（19時　　分）　　休憩（60分）　　所定時間８時間 2　交代勤務制（週５日勤務） 　週日　早番　始業（　）　終業（　）　休憩（　） 　　　　遅勤　始業（　）　終業（　）　休憩（　） 　夜勤　始業（　時　分）　終業（　時　分）　休憩（　分） 　土祝日早番　始業（９時）　終業（18時）　休憩（60分）　　　　所定時間８時間 　　　　遅勤　始業（12時30分）　終業（21時30分）　休憩（60分）　　〃　　８時間 3　スケジュールと変更 　交代制勤務のスケジュールは、毎月末日までに翌月分を通知する。 4　所定時間外労働 　法定労働外時間　㊒（１日４時間、１ヵ月２０時間、１年２００時間）・無
休　日	週休２日（月・木）、変更のときはスケジュール表で明示
休　暇	年次有給休暇、その他の休暇については就業規則第○条「休暇」の定めによる。
賃　金	時間給　１，３００円、通勤費実費 毎月末日〆切、翌月２０日払い
その他	労働社会保険については、就業規則第○章福利厚生の定めによる。
労働者承諾	上記の勤務条件および本件雇用契約を承諾しました。　　㊞

別 紙 2

〔Y社の言い分〕

1. 当社は、当県内外でYゼミナールの名称で進学塾校を10ヵ所設け、受験生の集合授業や個人授業を行うとともに、その傘下に個別指導のミニ教室を設けるという組織で経営しております。

　私は、当社の取締役総務部長をしており、企画、総務、人事、渉外といった業務の責任者です。

　当社は、この地方では古くからの進学塾として、有名大学や名門の中・高一貫校への進学率の高さで評判がよく、安定した経営を続けてきましたが、近年は少子化と大手進学塾の進出で、塾の経営上財政的に、職員の削減を含めた規模の縮小を余儀なくされるような状況になってきております。

2. 当社としてはこのような状況に対応して、新しく生徒の希望と個性に応じた「完全個別ミニ教室」という指導方法を打ち出し、今年の年初から春休みの進級時期をめざしてYゼミナール全体のPRとともに、それぞれの塾校において、地元の近隣地域に密着したキャンペーンを展開し、インターネット等のITも活用した総合作戦をとりました。しかしながら、目立った成果はありませんでした。

3. そこで、当社としては、経営縮小を考えざるを得ない状況となり、塾校講師の代表も交えて対策を協議した結果、いわゆる「選択と集中」方式で、10ヵ所の塾校のうち入塾生徒数の減少が著しい3校を廃止し、これを統合して統合塾校の充実と、「完全個別ミニ教室」を多角化した進学指導と新入試方式へも対応したコースの充実を図ること、受験指導にあたる講師の再教育などの実施を決定しました。

　この10校中3校を廃止して新路線を展開する時期としては、もう一度夏休みに向けたキャンペーン活動を行い、その結果をみて、あまり成果がなければ夏休み終了後の9月中旬から実施することにしました。

塾講師については、この方針で異動や嘱託の打ち切り、新方式に対応した新規採用など教学面の刷新を教学担当役員が中心となって順次進めることにしました。

4．私の担当は、塾校の運営事務の職員の人事労務であり、厳しい財務状況の中で、新規展開路線や塾校の廃止・統合と事務職員の削減や事務面、施設管理面、校務運営上の合理化などの管理面での縮小合理化を円滑にすすめることです。人事面について当社の事務職員の状況を申し上げますと、人事配置は、本部と各塾校に分かれており、本部の業務に従事する職員は6名で、うち2名は雇用期間1年とする有期職員で、各塾校は傘下のミニ教室の管理事務も含めて一校で2名体制の運営で、そのうち1名を主任としています。主任は、勤続の長い人が多く、期間の定めのない雇用とし、他の1名は1年間の期間を定めた有期雇用者として、進学塾という生徒の浮動性に対応しています。そして、この有期雇用者については、毎年の更新時において個別的に面談をした上で更新条件を決めて更新契約をしています。

5．結局、夏休みに向けたキャンペーンでも生徒の応募状況が期待した状況にはなりませんでしたので、7月の初めに縮小計画を正式に決定しました。今回の縮小計画において、人員削減計画は、全体の職員26名中、本部では2名、統合廃止される3塾校での各1名の計5名とし、いずれも有期雇用者を対象にして9月末日の退職として進めることにしました。

6．そして、7月中旬より順次削減対象者に対し、今回の経営縮小計画についての事情を説明し、9月末日付の退職を依頼しましたところ、Xさんを除いては全員承諾してくれました。

7．次に、Xさんのことについて申し上げます。Xさんとは平成28年4月1日付で雇用期間を1年とする塾校の事務職員の雇用契約を結びまし

た。そして、自宅近くの甲校で勤務してもらうことにしました。

　採用後3回雇用契約を更新し、更新のたびに私が本人と面談をし、勤
務の状況などを聞いて、更新の協議をし、時給を決めています。本年4
月1日付の更新時には時給1,300円としました。その際前述しましたよ
うな経営縮小計画が進行しており、廃止統合の対象となる3校の1つに
Xさんの勤務する甲校があり、甲校を廃止して隣接の乙校と統合する方
向で検討していましたので、甲校は乙校に統合し、2学期には廃止にな
るかも知れないので、その時には勤務場所が廃止となるため退職しても
らうことになる旨私から伝えていました。計画段階でしたので契約書の
中には明記せず、またXさんに対して承諾を求めるようなことまでは
していませんでした。

8．甲校を廃止し、乙校と統合する理由は、甲校のある甲駅の周辺の住居
　者の多くは、大手の工場やその関係会社などの勤務者とその家族の人達
　が多く、高度成長時代を含めて賑わっていたのですが、ここ数年でいず
　れの会社も新設工場へ移管されたり、廃止されたりして、当地を去り、
　社宅も廃止されるなど、急に人口が減り賑わいがなくなりました。この
　ような地域の人口減少の影響もあって、甲校も生徒数が次第に少なく
　なって経営的に苦戦が続いていました。

　一方、隣接町の乙校のある地域は、最近、大型ショッピングセンター、
　総合文化施設などが出来て人口急増の地域となり、近年生徒が多くなっ
　ています。そこで甲校を廃止して乙校と統合することにしたわけです。
　統合にあたっては、乙校でも事務運営は甲校と同じ2名の体制で業務を
　行っており、そこに今回甲校の廃止に伴い甲校関係の業務も移管するこ
　とになりますが、それには主任のAさんを異動させ3名体制とします。
　しかし、これ以上乙校への事務職員の受け入れは経営上困難なため、期
　間雇用者であるXさんには、退職をしてもらうことにしました。

9．経営縮小計画が正式に決定した後、7月30日に私が甲校に出向いて、
　Xさんに対しここに至る経緯を説明し、Xさんには4月の更新の時に話

したとおり甲校の乙校への統合により「勤務場所の廃止」となりますし、もともと雇用期間を定めた雇用ですので、9月末日での退職をお願いしました。しかしながら、Xさんは、自分には計画があるので9月末日で退職するわけにはいかない、少なくとも雇用期間いっぱいの来年3月末日までは勤務すると言われました。実は、Xさんのその計画に関して問題があり、Y社としては今回の人員整理対象者の第1順位として退職してもらいたい事情があるのです。それは、Xさんは現在、ある大学の心理学コースを通信教育で学んでおり、卒業論文として「青少年の心理」をテーマにしているそうで、そのために塾に学習に来ている生徒の何人かと親しくなり、さまざまな日常生活や考え方を取材しているという親からの通報が最近ありました。この行為は、個人情報保護法上問題であり、またこれが噂になったりSNSなどで広がったりすると当校としては致命的です。そこで、今回の統合の機会に整理対象者として早期に退職を求めることにしたのです。しかし、Xさんはそれは誤解であり、自分としては暗くなりがちな受験生に明るく勉強してもらうためのサポートとして、できるだけ声をかけ、悩みなどを聞いて励まし、塾のためになるようにと努めているだけであり、取材などは全くしていないと否定し、退職には応じてもらえませんでした。

10. その後、8月9日にも甲校に赴き、生徒との接触の件や退職の件について話し合い、退職一時金として給料の3ヵ月分を支払うことも条件に再度退職を求めましたが、これも平行線に終わりました。

　そこで、やむを得ず経営縮小計画の遂行のため解雇することにしました。そして、本年8月20日に解雇予告し、9月末日をもって解雇といたしました。何とか早く解決を求めたいと思います。

以上

Y社期間雇用社員就業規則（抜粋）

　第○○条（雇用）期間雇用社員が、次の各号の一つに該当したときは解雇する。

1．従事業務又は勤務場所が廃止されたとき
2．私傷病等により勤務に耐えないとき
3．重大な不品行、重要な義務違反、経営上重大な支障を生ずる行為を為したとき
4．その他前各号に準ずるとき

〈あっせん事例〉 模範解答例と解説

Ⅰ 模範解答例及び出題の趣旨と配点

第1問
小問 （1）

模範解答例

①Xは、Y社に対し、労働契約上の地位を有することを確認する。

②Y社は、Xに対して、令和1年11月から毎月20日限り、金22万円を支払え。

出題の趣旨と配点

　Xの立場に立って、特定社会保険労務士としてXを代理し、本件解雇の無効を主張し、Xを申請人、Y社を被申請人として「個別労働関係紛争の解決の促進に関する法律」に基づき都道府県労働局長にあっせん申請（以下「本件手続」という。）をするとして、当事者間の権利関係を踏まえて記載するとした場合の「求めるあっせんの内容」の記載を問う出題である。

　解答にあたっては、本問が労働契約上の地位の確認という法的構成による請求を求めているので、「求めるあっせんの内容」は、訴状の「請求の趣旨」のように、地位確認請求の記載と、それに基づく賃金請求の記載である。（10点）

コメント

　本問は、これまで何度も繰り返し出題されている解雇に関する出題であり、訴状の「請求の趣旨」は定型のパターンを記せばよいでしょう。特に②については、誰が誰に対し、いつから、いくら支払いを請求するか、賃金の定めにつき問題文から抽出して記載すればよいでしょう。本件は9月末の解雇であり、10月分給料は支給されるため、11月支給分からの請求となることに注意してください。

小問　（2）

模範解答例

①甲校では確かに生徒は減っているが、依然として名門の中高一貫校への進学率や有名大学への合格率が高く、生徒は相当集まっているので、甲校の廃止は必要なく、解雇の業務上の必要性がないこと。

②Y社はXに対して、1年毎の有期契約で未だ3回しか更新しておらず、他の対象の人達はみな今回の縮小計画を理解して、9月末日付の退職を承諾しているのにあなただけを特別に扱うわけにはいかないというのみで、Y社は解雇回避義務を尽くしていないこと。

③事務担当者Aさんは、乙校に異動し、引き続き業務を行い、Xも同様に異動して働きたいと申し出たが、その希望が受け入れられなかったこと並びに、Y社は、Xに対して削減対象者の中でも第1順位として退職を求めるわけだが、人選の選考基準が明確でなく、かつ、その選考方法に客観性がないこと。

④今年4月1日付の雇用契約の更新の際、塾全体の縮小計画があり、甲校を廃止し乙校に統合される場合退職の可能性を示唆され、その後、解雇が言い渡され、Xが拒否すると、今度は一時金として3ヵ月分支払うので、再考してほしい旨の話はあったが、Xは解雇についてY社から十分な説明を受けていないこと。

⑤いろいろと生徒達から取材しているという事実と異なる事情につき、親の方から苦情が来ているという理由で退職勧奨されることは、労働契約法第17条第1項でいうところの、やむを得ない事由に当たらないこと。

出題の趣旨と配点

　特定社会保険労務士として、Xを代理して、本件手続を申請し、Xの立場に立って、Xの解雇が期間の定めのある労働契約期間中の整理解雇として、適法になされたものではないとして無効であることを主張する場合、それを基礎づける具体的主張事実を簡潔に箇条書きで5項目以内にまとめて記載することを求めるものである。

　解答にあたっては、まず本問は期間の定めのある労働契約の有効期間中

の解雇であるから、「やむを得ない事由がある場合でなければ、その契約期間が満了するまでの間において、労働者を解雇することができない」（労働契約法第17条第1項）との関係での事実の主張を記載する必要がある。

　次いで、本問はいわゆる人員整理を理由とする解雇であるからX側としては本件事案においては、整理解雇の要件（いわゆる4要素の各事項）を充足していないことを事実関係に基づいて主張事項として記載することを求めるものである。（20点）

コメント

　整理解雇の4要素とは、

① 人員整理の必要性

② 解雇回避努力義務の履行

③ 被解雇者選定の合理性

④ 手続の妥当性

となるため、Xの主張の中から4要素を抽出することになります。

　くわえて、労働契約法第17条第1項の「やむを得ない事由」を探し、記述してください。

参考 労働契約法

第17条　使用者は、期間の定めのある労働契約（以下この章において「有期労働契約」という。）について、やむを得ない事由がある場合でなければ、その契約期間が満了するまでの間において、労働者を解雇することができない。

小問（3）

模範解答例

①少子化と大手進学塾の進出で、塾の経営上財政的に、職員の削減を含めた規模の縮小を余儀なくされるような状況になってきており、10ヵ所の塾校のうち入塾生徒数の減少が著しい3校を廃止しなければならない状

況であることは、人員削減（解雇）の業務上の必要性があること。

②厳しい財務状況の中で、新規展開路線や塾校の廃止・統合と事務職員の削減や事務面、施設管理面、校務運営上の合理化などの管理面での縮小合理化を円滑にすすめ、最大限の解雇回避の努力を尽くしていたこと。

③Y社としては今回の人員整理対象者の第1順位として、Xに退職してもらいたい事情があり、それは自身の卒業論文作成のため、塾に学習に来ている生徒の何人かと親しくなり、さまざまな日常生活や考え方を取材しているという親からの通報が最近あったためであり、個人情報保護法上問題があるXについては、人員整理対象者として合理的な理由があること。

④経営縮小計画が正式に決定した後、7月30日に総務部長が甲校に出向いて、Xに対しここに至る経緯を説明し、Xには4月の更新の時に話したとおり甲校の乙校への統合により「勤務場所の廃止」となるし、8月9日にも甲校に赴き、生徒との接触の件や退職の件について話し合いを持ち、退職一時金として給料の3ヵ月分を支払うこともなどを提案し、Y社はXに対して十分な説明責任を果たしていること。

⑤Xは、自身の卒業論文作成のため、塾に学習に来ている生徒の何人かと親しくなり、さまざまな日常生活や考え方を取材しているという親からの通報があり、こうした行為は、個人情報保護法上問題であり、またこれが噂になったりSNSなどで広がったりするとY社としては致命的であり、期間途中の解雇に、やむを得ない事由が存在すること。

出題の趣旨と配点

特定社会保険労務士として、Y社を代理して、Y社の立場に立って、本件手続においてY社の行ったXの解雇が有効であると主張する場合、それを基礎づける具体的主張事実を簡潔に箇条書きで5項目以内にまとめて記載することを求める出題である。

解答にあたっては、本件が人員整理解雇であることから、いわゆる整理解雇の4要素すなわち①整理解雇の必要性、②解雇回避の努力、③整理対象者の選定の妥当性、④解雇手続についての相当性の事実の主張を求める

ものである。

また、加えて本件は労働契約期間中の解雇であるから、労働契約法第17条第1項の「やむを得ない事由」のあることの事実の主張が求められている。（20点）

コメント

小問（2）と同様なポイントを、逆の立場から主張すればよいということになります。

小問（4）————————————

模範解答例

本紛争の論点は、有期契約の労働者における、契約期間途中の整理解雇の妥当性の有無である。まず、本件契約の更新は3回であり、契約の継続に労働者は期待権を持っていた。次に整理解雇の4要素について判断するに、諸事情から整理解雇の必要性は否定できないものの、解雇回避の努力が不十分であり、解雇の人選についても妥当性に欠け、対象労働者に対する、整理解雇にかかる説明も十分とはいえない。さらに、塾生の親からのクレームについても、解雇にやむを得ない事由とはいえない。よって、本件は解雇権の濫用であり無効である。　　　　　　　　　　（247字）

出題の傾向と配点

本件事案について、双方の主張事実や本件事案の内容等を踏まえて本件解雇の効力について考察し、その法的判断の見通し・内容についての記載を求める出題である。

解答にあたっては、本件が労働契約期間中の解雇であることから本件出題の事実関係において、まずY社の主張する事実から労働契約期間の満了を待つことなく直ちに雇用を終了させざるを得ない特別の事由があるかという点の考察が必要であり、併せて本件は経営上の事由による人員整理の解雇であるから、その有効性についての判断考察を求めるものである。（10点）

コメント

　解答は、労働者・使用者どちらの立場からでも主張してよいのですが、本書では、労働者の立場から、主張しているものです。

小問　（5）

模範解答例

　本件は、有期契約社員の期間途中の整理解雇である。Xは、Y社に対して期間満了（令和2年3月末）までの雇用を求めているものであり、他方、Y社はXに対し、令和1年9月末の解雇の後、退職一時金として、3ヵ月の賃金相当分の支払いをする用意があることを示しており、両者が争っているのは、実質、令和2年1月から3月までの3ヵ月分の賃金相当分の支払いである。よって、早期解決を図るのであれば、Y社はXに対し、退職一時金として賃金6ヵ月分に相当する金員を支給することが妥当であり、現実的であると考えられる。

(244字)

出題の傾向と配点

　本件事案について、Xの代理人である特定社会保険労務士として、本件「あっせん手続」において、小問（4）の「法的判断の見通し・内容」を踏まえ、Y社側の主張事実も考慮し、妥当な現実的解決を図るとした場合、どのような内容の提案を考えるかを問う出題である。

　本問の解答にあたっては、小問（4）で考察した法的判断をもとにして和解解決を図るとした場合にどのような提案が、Xとして双方の主張や事実関係からみて妥当であり、現実的なものであるかについての記載を求めるものである。（10点）

Ⅱ 論点整理

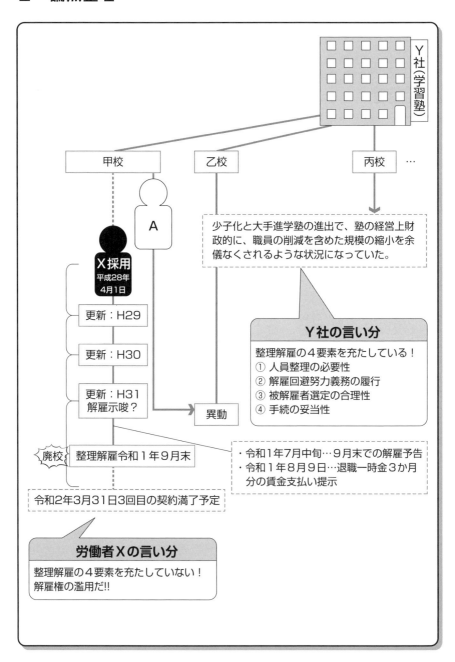

Y社(学習塾)

甲校　乙校　丙校 …

A

X採用
平成28年
4月1日

更新：H29

更新：H30

更新：H31
解雇示唆？

廃校　整理解雇令和1年9月末

令和2年3月31日3回目の契約満了予定

異動

少子化と大手進学塾の進出で、塾の経営上財政的に、職員の削減を含めた規模の縮小を余儀なくされるような状況になっていた。

Y社の言い分

整理解雇の4要素を充たしている！
① 人員整理の必要性
② 解雇回避努力義務の履行
③ 被解雇者選定の合理性
④ 手続の妥当性

・令和1年7月中旬…9月末での解雇予告
・令和1年8月9日…退職一時金3か月分の賃金支払い提示

労働者Xの言い分

整理解雇の4要素を充たしていない！
解雇権の濫用だ!!

Ⅲ　解法の手順☞争点の概要を掴む

　本問の争点は、「有期契約の契約期間満了前の整理解雇」である。

1 整理解雇の4要素（概要）

　整理解雇については、特定社会保険労務士試験の第1回、第10回に出題されていることから、詳細な解説はそちらに譲り、ここでは、更に押さえておきたいポイントを確認するものである。

　整理解雇（経営上の理由から余剰人員削減のためになされる解雇）が有効と認められるためには、使用者側において

　①人員削減の必要性があること

　②解雇回避の努力義務を尽くしたこと

　③被解雇者の選定基準の合理性があること

　④解雇手続の妥当性（説明、協議など）があること

以上、4つの要素の事実が認められるか否かを考慮して、総合的に判断される。では、具体的に、どのような場合にそれが認められるかについては、以下のとおりである。

①　「人員削減の必要性があること」について

　余剰人員の整理解雇を行うには、削減をしなければ経営を維持できないという、企業経営上の高度な必要性が認められなければならない。つまり使用者は、抽象的に「経営が悪化した」というだけではなく、具体的な経営指標や数値を示して、実際にどの程度経営状態が悪化しているのか、そのため、どの程度の人員削減が必要であるのかを客観的資料に基づいて説明する必要があるとされる。

②　「解雇回避の努力義務を尽くしたこと」について

　期間の定めのない雇用契約においては、人員整理（解雇）は最終選択手段であることを要求される。たとえば、役員報酬の削減、労働者に対する打撃が少ない他の手段である新規採用の抑制、希望退職者の募集、配置転換、出向等により、整理解雇を回避するための経営努力がなされ、最終手段として解雇することがやむを得ないと判断される過程が必要である。

③ 「被解雇者の選定基準の合理性があること」について

　解雇するための人選基準が合理的で、具体的人選も合理的かつ公正でなければならない。たとえば勤務成績を人選基準とする場合、基準の客観性・合理性が問題となる。また、整理解雇に仮託し、労働組合を嫌悪して、恣意的に組合員だけを解雇するような場合は、人員選定に合理性がなく、解雇は無効と判断されることになるといえる。

④ 「解雇手続の妥当性（説明、協議など）があること」について

　前述のとおり整理解雇については、労働者に帰責性がないことから、使用者は信義則上、労働者・労働組合と協議し説明する義務を負う。手続の妥当性はもっとも重視される要素の一つである。このような手続を全く踏まず、抜き打ち的に整理解雇を実施することは、認められない。たとえば、説明・協議、納得を得るための手順を踏まない整理解雇は、他の要件を満たしても無効とされるケースも多い。

　解雇に踏み切る前に、前記②で行う解雇回避努力を尽くしていれば、つまり配転・出向や希望退職の募集をしていれば、通常は、その過程において、労働者に対し然るべき説明や協議が行われることになるため、④だけが問題となるケースは少ないといえるだろう。

② 新型コロナウイルスと整理解雇

　令和2年は、新型コロナウイルスの感染蔓延で、世界中が泣かされた年である。緊急事態宣言が出され、業種によっては早い段階から休業要請が出された。補助金や助成金が担保されたが迅速性に欠けた分、倒産の憂き目にあった中小零細企業は枚挙に暇がない。

　そこで、整理解雇の問題がにわかにクローズアップされた年でもある。

　確かに、企業が活動を行うに当たって、新型コロナウイルスを原因として業績が悪化した場合、整理解雇の問題が浮上する。しかし、この場合でも、先の要素を個別具体的にクリアーしたか否かを判断したうえでなければ、当該整理解雇が有効となるとは限らない。

　実務においては、その点を曲解し、新型コロナウイルスによる業績悪化を奇貨として、恣意的に労働者を整理解雇しようとした企業が散見された。

③　新型コロナウイルスと内定取消し

　同様に、新型コロナウイルスによる業績悪化により、新年度から採用予定だった内定者を、内定取消しにするケースも社会問題化された。

　しかし、まず、文書による内定通知を出している等、採用内定により労働契約が成立したと認められる場合には、採用内定取消しは解雇にあたる。この場合、労働契約法第16条の解雇権の濫用についての規定が適用されることとなる。

　よって、採用内定取消しについても、客観的に合理的な理由を欠き、社会通念上相当であると認められない場合は、権利を濫用したものとして無効となるということである。

　今回の新型コロナウイルス感染症の影響による事業縮小を理由とする場合は、そうでない場合に比べ、採用内定の取消し幅が広いかもしれないものの、いずれにしても、採用内定を取り消すにあたっては、基本的には、前述した解雇（整理解雇）と同様の事情が必要とされることに留意しなければならない。

④　近時の判例から

尾崎織マーク事件（京都地判　平30.4.13)
【事案の概要】

　本件は、Ｙ社に雇用されていたＸが、①平成28年3月15日に「同年4月16日をもって解雇する。」旨の解雇通知が解雇権の濫用（具体的には整理解雇の要件を充足していないから無効）であるとして、定年（平成28年8月3日）までの未払賃金＋遅延損害金の支払を求めるとともに、②上記①記載の解雇が無効であれば、当然に定年後は再雇用されることが予定されていたとして、再雇用後の労働契約上の地位の確認と、それを前提にした未払賃金＋遅延損害金の支払を、それぞれ求めている事案である。

【判例のポイント】

　1　本件解雇は、危機的状況にあった被告の経営状態の改善や経営合理

化を進めるため、重い負担となっていた経費削減の具体策（Aセンター閉鎖）の実現を目的として行われ…、いわゆる整理解雇の一種と解するのが相当である。……本件解雇の有効性判断については、……①人員削減の必要性があること、②使用者が整理解雇回避のための努力を尽くしたこと（解雇回避努力義務）、③被解雇者の選定基準及び選定が公正であること、④解雇手続の相当性（労働組合や労働者に対して必要な説明・協議を誠実に行ったか）の4つの要素を総合して判断するのが相当である。

2　Aセンター閉鎖が決定されたことに伴うXの処遇が平成27年9月から平成28年3月にかけて重要な課題であったところ、その最中にY社東京支店において営業担当社員の新規採用が行われていた事実が認められる。そうすると、経費削減の一環として本件解雇がなされた一方で、Y社東京支店に所属する営業担当社員を2名新規採用するといった対応は、一貫性を欠くものと評価されてもやむを得ない。少なくともX側に対して東京支店への配転の打診は行うべきであったといえるところ、それをした形跡も窺われないから、解雇回避のための努力を尽くしたと評価するには至らない。

3　定年後の再雇用（雇用継続）について、再雇用を希望する者全員との間で新たに労働契約を締結する状況が事実上続いていたとしても、労働契約が締結されたと認定・評価するには、強行法規が存在していれば格別、そうでない場合には、賃金額を含めた核心的な労働条件に関する合意の存在が不可欠である。したがって、本件において、XとY社の間で嘱託社員としての再雇用契約締結に関する合意は全く存在しない以上、その契約上の地位にあることも認められない。

　　ただし、Xが、定年後に嘱託社員としてY社に再雇用（継続雇用）されることを期待していたことは明らかであり、Y社において労働者が再雇用を希望した場合に再雇用されなかった例は記憶にないとのY社代表者の供述も勘案すると、Y社は、前記のとおり、違法無効な整

理解雇通知をしたものであり、<u>これによってXの雇用継続の期待権を侵害した不法行為責任を負うと言わなければならない。</u>

4　損害賠償額は、控えめに見て、<u>最低賃金法に基づく地域別最低賃金額相当額を下回らない</u>（中略）。この損害賠償額は、（中略）1か月当たり12万2724円を下回らない。……（中略）また、損害発生期間については、定年退職後の再雇用規程の第1条によると、最大で満65歳に達するまで再雇用（継続雇用）されることが期待できるものの、Xの健康状態が5年間維持されるとは必ずしも断定できないことから、<u>控えめに見て少なくとも3年間の更新は期待できるものとして、期待権侵害による損害賠償額は3年分相当額</u>（ただし、3年に対応する中間利息はライプニッツ方式により控除するのが相当である。）と認めるのが相当である。

第2問

小問（1）

I　模範解答例及び出題の趣旨と配点

模範解答例

「結論」　（イ）（「受任できない」）

「理由」　特定社会保険労務士甲は、3年間に亘り、直近までB社の顧問を務めていた。よって、甲は、B社の人事労務の情報を知りうる立場にあり、仮に現在、B社の顧問社会保険労務士の立場になくても、やめた直後であり、B社を相手としてあっせんの代理業務を受任した場合、在任時の秘密を漏えいする可能性がある。また、Aが解雇された理由は、甲のB社顧問契約解除に異議を唱えたことにあり、甲の立場で、本件紛争解決の代理をすることは、公正中立の立場を期待できず、社労士の信用又は品位を害する可能性がある。よって、甲は受任できない。　（249字）

出題の趣旨と配点

　平成28年11月に、特定社会保険労務士甲の友人であるAが、総務部長としてB社に中途採用された。当時B社では、別の社会保険労務士を顧問としていたが、Aは、社長に甲を推薦して、同社の顧問を甲に変更してもらった。それ以降甲は、B社から、人事制度についての相談を受けたり、社員との個別紛争についてのあっせんの代理などを受任したりしていた。

　しかし、本年10月に社長は引退し、その息子のCが新社長に就任した。Cは、甲を解任して、以前の社会保険労務士を顧問に復帰させた。これにAが異を唱えたところ、Cから退職勧奨を受け、Aがこれに応じなかったところ、協調性を欠くなどとして、本年11月20日付で解雇された。これに対してAは、地位の確認を求めてあっせんの申請をすることとし、甲にその代理を依頼してきた。

　甲は、Aからの依頼を受任できるか否かについて問う出題であり、そ

の結論を結論欄に記号でその可否を記載するとともに、その理由を理由欄に記載することを求めるものである。

　本問は、甲が、その顧問先であったB社で雇用されていた総務部長を代理して、B社に対するあっせん申請の代理を求められた事案について、顧問を解任されたとはいえ、その時期が直近であること、それまでの労働社会保険に関する業務や特定社会保険労務士としての職務をB社のために遂行していたこと等を考慮した場合に、B社を被申請人とする事件の代理を、特定社会保険労務士として受任できるか否かの倫理についての考察を問うものである。(15点)

Ⅱ　論点整理

〈特定社会保険労務士の業務を行えるか？〉

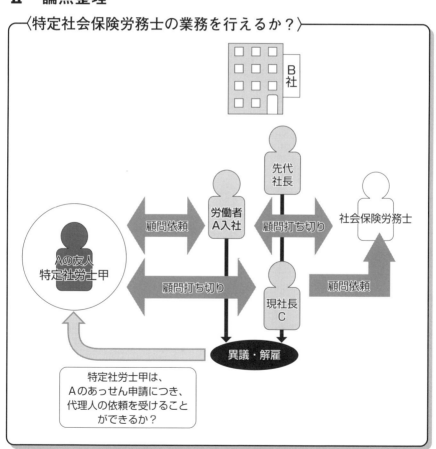

Ⅲ　解法の手順☞争点の概要を掴む

　社労士の倫理問題を解答するにあたっては、問題文中、主として以下の社労士法各条文（社会保険労務士の職責・信用失墜行為の禁止・秘密を守る義務・業務を行い得ない事件）に照らして、出題の場合、何を根拠とするかの方針を立て回答する。

　本問の場合、社労士法22条の「業務を行い得ない事件」には当たらない。そうすると、残り、「社会保険労務士の職責」、「信用失墜行為の禁止」、「秘密を守る義務」の中から、理論立てて解答することになる。

　この場合、仮にあっせん申請の代理が受任できたとしても、甲は、退任後、1～2か月で、それまで3年間顧問先だった会社を相手に、闘うことになる。そうすると、顧問契約を結んでいた期間に知り得た会社の秘密を守ることができるのか、甲自身のD社からの退任が本件紛争の一因であることから、公正な立場で代理ができるのか、それができないとしたならば、社会保険労務士の信用又は品位を害することになるのではないか、といった点から論を進めることになる。

> **参考** 社会保険労務士法　…（今回の倫理問題に関係する条文）
>
> **（社会保険労務士の職責）**
> **第1条の2**　社会保険労務士は、常に品位を保持し、業務に関する法令及び実務に精通して、公正な立場で、誠実にその業務を行わなければならない。
>
> **（信用失墜行為の禁止）**
> **第16条**　社会保険労務士は、社会保険労務士の信用又は品位を害するような行為をしてはならない。
>
> **（秘密を守る義務）**
> **第21条**　開業社会保険労務士又は社会保険労務士法人の社員は、正当

な理由がなくて、その業務に関して知り得た秘密を他に漏らし、又
は盗用してはならない。開業社会保険労務士又は社会保険労務士法
人の社員でなくなった後においても、また同様とする。

（業務を行い得ない事件）
第22条　社会保険労務士は、国又は地方公共団体の公務員として職務
　　上取り扱った事件及び仲裁手続により仲裁人として取り扱った事件
　　については、その業務を行ってはならない。
2　特定社会保険労務士は、次に掲げる事件については、紛争解決手
　　続代理業務を行ってはならない。ただし、第三号に掲げる事件につ
　　いては、受任している事件の依頼者が同意した場合は、この限りで
　　ない。
　　一　紛争解決手続代理業務に関するものとして、相手方の協議を受
　　　けて賛助し、又はその依頼を承諾した事件
　　二　紛争解決手続代理業務に関するものとして相手方の協議を受け
　　　た事件で、その協議の程度及び方法が信頼関係に基づくと認めら
　　　れるもの
　　三　紛争解決手続代理業務に関するものとして受任している事件の
　　　相手方からの依頼による他の事件
　　四　開業社会保険労務士の使用人である社会保険労務士又は社会保
　　　険労務士法人の社員若しくは使用人である社会保険労務士として
　　　その業務に従事していた期間内に、その開業社会保険労務士又は
　　　社会保険労務士法人が、紛争解決手続代理業務に関するものとし
　　　て、相手方の協議を受けて賛助し、又はその依頼を承諾した事件
　　　であって、自らこれに関与したもの
　　五　開業社会保険労務士の使用人である社会保険労務士又は社会保
　　　険労務士法人の社員若しくは使用人である社会保険労務士として
　　　その業務に従事していた期間内に、その開業社会保険労務士又は
　　　社会保険労務士法人が紛争解決手続代理業務に関するものとして
　　　相手方の協議を受けた事件で、その協議の程度及び方法が信頼関

小問 （2）

Ⅰ 模範解答例及び出題の趣旨と配点

模範解答例

「結論」 （ア）（「受任できる」）

「理由」 乙が社労士法人丙に所属していた際、D社の内部通報窓口業務に携わっていたときに扱った、相談事案の延長上の事件につき、乙がD社からの依頼で、あっせんの申立てに関する代理業務を行うことは問題がない。何故なら、本件はFからの匿名での通報を受けて聞き取り調査を行ったに過ぎず、よって、Fから協議を受けて賛助したものと協議の程度・方法が信頼関係に基づくともいえないものである。また、社会保険労務士としての品位を害したり、守秘義務に違反するおそれがあるともいえないため、依頼を受けることができない場合に該当しない。（250字）

出題の趣旨と配点

　社会保険労務士法人の丙は、昨年4月より、D社の内部通報窓口業務を受任し、当時丙の勤務社会保険労務士であった乙も、他の勤務社会保険労務士と分担して、その窓口業務を担当した。この窓口業務では通報者が匿名の場合、窓口業務担当者も氏名を明かさず、匿名で聞き取ることとされていた。

　本年6月に乙は、D社社員を名乗る匿名の電話で、D社のE部長が女性社員のFに対して、セクハラを繰り返しているとの通報を受け、D社に対してその聞き取り内容を報告した。その報告を受けてD社の人事部長が、E部長及びFに対して事情聴取を行ったが、E部長もFも、通報内容には心当たりが無いとのことであった。この件は、通報が匿名であったこともあり、それ以上の問題とはならず、E部長に対する注意や処分などはなされないままであった。

　乙は、本年10月初めに丙を退職して独立した。その2週間後にFから、

D社に対して損害賠償を求めてあっせんの申請がなされた。この事件について、D社の人事部長から乙に、受任してもらえないかとの打診があった。乙がその申立内容を見ると、FはE部長からのセクハラで、以前からのうつ状態が悪化したこと、本年6月に、勇気を振り絞って匿名で通報を行ったが、社内での事情聴取ではE部長が怖くてセクハラのことは言い出せなかったこと、その後セクハラはなくなったが、うつ状態が悪化して退職せざるを得なくなったことなどが書かれていた。

　乙は、D社からの依頼を受任できるか否かについて問う出題であり、結論欄に記号で可否を記載するとともに、その理由を理由欄に記載することを求めるものである。

　本件の通報窓口の聞き取り業務は、申立てが匿名であり、受ける側の乙も匿名であったこと、通報内容を聞き取り、そのままD社に報告するものとされ、社会保険労務士法第22条第2項に関しては問題とならない事案であったこと等、本問の事実関係を考察し、乙として、D社の依頼を受任できるか否かの倫理についての考察を問うものである。（15点）

Ⅱ　論点整理

〈社会保険労務士の業務を行えるか？〉

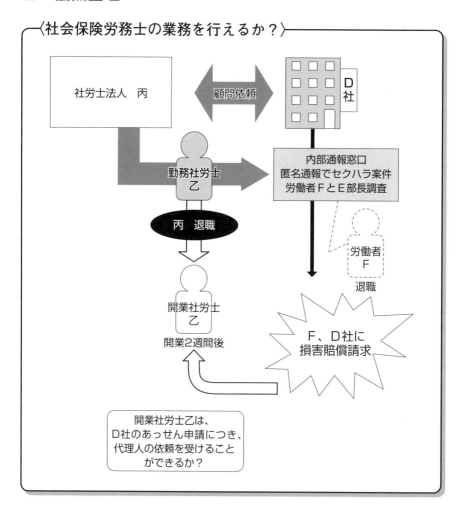

社労士法人　丙

顧問依頼

D社

勤務社労士
乙

丙　退職

内部通報窓口
匿名通報でセクハラ案件
労働者FとE部長調査

労働者
F

退職

開業社労士
乙

開業2週間後

F、D社に
損害賠償請求

開業社労士乙は、
D社のあっせん申請につき、
代理人の依頼を受けること
ができるか？

Ⅲ　解法の手順☞争点の概要を掴む

　社会保険労務士乙が、社労士法人丙に勤務していた際に行った、Ｄ社の内部通報窓口における相談事案が、社労士法22条の「業務を行い得ない事件」に該当するか否かが判断として大切である。女性労働者Ｆの匿名による通報を端緒に、相談業務が行われた経緯がある。その際の相談業務について、乙は、Ｆから事実関係を聞き取りしたにすぎず、「紛争解決手続代理業務に関するものとして相手方の協議を受けた事件で、その協議の程度及び方法が信頼関係に基づくと認められるもの」には該当しないと解される。

　また、その他の要件である、「社会保険労務士の職責」、「信用失墜行為の禁止」、「秘密を守る義務」にも当たらないため、乙がＤ社から依頼を受けることは問題ないと考えられるとの帰結を導くこととなる。

第１欄〔第１問・小問(1)〕

第２欄〔第１問・小問(2)〕

第３欄〔第１問・小問(3)〕

第4欄〔第1問・小問(4)〕

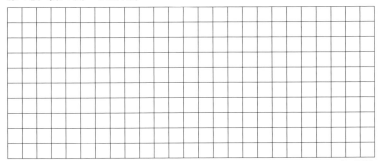

(250字)

第5欄〔第1問・小問(5)〕

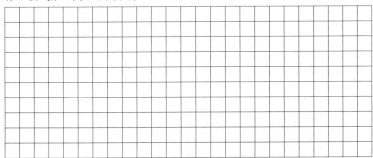

(250字)

第6欄〔第2問・小問(1)〕
結論

第6欄〔第2問・小問(1)〕
理由

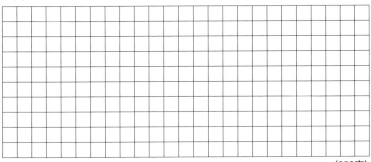

(250字)

第 7 欄〔第 2 問・小問(2)〕
結論

第 7 欄〔第 2 問・小問(2)〕
理由

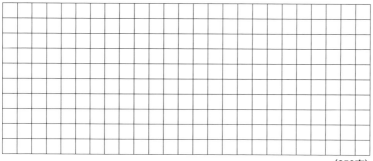

(250字)

84

第16回

紛争解決手続代理業務試験問題
（令和２年11月28日実施）

第16回　紛争解決手続代理業務試験問題

（注　意）

1. 係員の指示があるまで、この問題用紙を開かないでください。
2. 別に配付した解答用紙（その1）及び解答用紙（その2）の該当欄に、試験地、8ケタの受験番号（※特別研修の受講番号ではありません。）及び氏名を必ず記入してください（受験番号や氏名の記入のないものは採点しません。）。
3. 試験時間は、2時間です。
4. 試験問題は、記述式です。
5. 問題の解答は、所定の解答用紙に記入してください。所定の解答用紙以外の用紙に記入した解答は、その部分を無効とします。また、解答用紙の試験地、受験番号及び氏名欄以外の箇所に、特定の氏名等を記入したものも、無効とします。
6. 解答用紙への解答の記入は、黒インクの万年筆又は黒インクのボールペン（ただし、インクが消せるものを除きます。）を使用してください。修正する場合は、二重線で消し、訂正してください（修正液は使用不可）。
7. 解答に当たっては、参考書、六法全書等の閲覧は一切認めません。
8. 鉛筆、消しゴム等の筆記具及び筆箱は鞄等にしまって足下においてください。また、携帯電話及びウェアラブル端末等の通信機器類についても、必ず電源を切って鞄等にしまって足下においてください。
9. 解答用紙は書損じ等による追加配付、取替はしません。
10. 試験時間中に不正行為があった場合、受験は直ちに中止され、その解答は無効なものとして取り扱われます。
11. 試験問題に関する質問には、一切お答えしません。
12. 試験問題は、試験時間終了後、持ち帰ることができます。途中で退室する場合には、持ち帰ることができません。

第1問 別紙1、2記載のX及びY社の「言い分」に基づき、以下の小問（1）から小問（5）までに答えなさい。

小問（1） 本件において、Xの立場に立って、特定社会保険労務士としてXを代理し、試用期間満了に伴う本採用拒否による解雇の無効を主張し、Xを申請人、Y社を被申請人として「個別労働関係紛争の解決の促進に関する法律」に基づき都道府県労働局長にあっせん申請（以下「本件手続」という。）をするとして、当事者間の権利関係を踏まえて記載するとした場合の「求めるあっせんの内容」（訴状の場合に記載する請求の趣旨的なもの）は、どのようになりますか。解答用紙第1欄に記載しなさい（ただし、遅延損害金の請求及びいわゆるパワーハラスメントによる損害賠償の請求については除くものとする。）。

小問（2） 特定社会保険労務士として、Xを代理して、Xの立場に立って、本件手続を申請し、Y社のXに対する試用期間満了に伴う本採用拒否による解雇が無効であると主張する場合、それを根拠づける主張事実の項目を簡潔に5項目以内にまとめて、箇条書き（例えば、「①Xの提出した退職願は真意に基づかないことをY社は知っていたこと。」等の要領）で、解答用紙第2欄に記載しなさい。

小問（3） 特定社会保険労務士として、Y社を代理して、Y社の立場に立って、本件手続においてXに対する試用期間満了に伴う本採用拒否の解雇が有効であると主張する場合、それを根拠づける主張事実の項目を簡潔に5項目以内にまとめて、箇条書き（例えば、「①Xの提出した退職願は自書したもので真意に基づくものであること。」等の要領）で、解答用紙第3欄に記載しなさい。

小問（4）　本件事案について、双方の主張事実や本件事案の内容等を踏まえて、本件試用期間満了による本採用拒否の解雇の効力について考察し、その法的判断の見通し・内容を、解答用紙第4欄に250字以内で記載しなさい。

小問（5）　本件事案について、Xの代理人である特定社会保険労務士として、本件「あっせん手続」において、Y社側の主張事実も考慮し、かつ、「法的判断の見通し」を踏まえ、妥当な現実的解決を図るとした場合、どのような内容を考えますか。解答用紙第5欄に250字以内で記載しなさい。

第2問　以下の**小問（1）**及び**小問（2）**に答えなさい。

小問（1）　開業している特定社会保険労務士甲は、A社から、新型コロナウイルス感染症の影響により業績が悪化したため、60才の定年後に再雇用していたBを解雇したところ、解雇は無効であるとしてBが労働局にあっせん手続を申し立てたので、代理人として対応してほしいと依頼された。

　　甲は、Bの氏名に見覚えがあったので調べてみると、約6ヶ月前に、自治体主催の年金相談会でBから相談を受け、その数日後に、Bの依頼により、Bの職歴や家族構成等を聴取したうえで、老齢年金の繰上げ受給の請求書作成及び提出の代行をしていたことがわかった。

　　甲は、A社からの依頼を受任することができるか。（ア）「受任できる」又は（イ）「受任できない」の結論を解答用紙第6欄の結論欄にカタカナの記号で記入し、その理由を250字以内で記載しなさい。

小問（2）　特定社会保険労務士乙は、派遣会社（派遣元）C社から、元従業員（派遣労働者）のDから労働施策の総合的な推進並びに

労働者の雇用の安定及び職業生活の充実等に関する法律（以下
「労推法」という。解答に際しても同様に略記してよい。）30
条の6に基づく調停手続を申立てられたので、代理人として対
応してほしいと依頼され、これを受任した。

　調停申請書によれば、Dの主張は、「派遣先E社において、E
社の従業員Fからパワハラを受けたので、派遣元C社の派遣元
責任者に相談したが、C社は何も対応してくれず、逆に派遣労
働契約の期間満了と同時に雇止めされた。これは、労推法30条
の2第2項が禁じる不利益取扱いであり、権利侵害の不法行為
として損害賠償を請求する。」というものであった。

　乙は、派遣先E社の協力を得てE社の役職員から当時のD及
びFの言動や職場環境等について事情を聴取した上、調停期日
に臨んだが、Dとは合意に至らず、調停手続は打切りにより終
了した。その結果、紛争が解決しないまま、乙がC社から受任
した業務も終了した。

　その後、半年ほどして、乙は、Dから電話で「派遣元C社と
の紛争については、自分（D）で民事訴訟を起こすべく準備を
進めている。ところで、Fから受けたパワハラに関し、別途、
派遣先E社に対して、労推法30条の2第1項が定める措置につ
いての注意義務違反を理由とする損害賠償を請求するため、調
停手続を申し立てたいのだが、あなた（乙）はすでに事情をわ
かっているから、E社に対する事件について、自分（D）の代
理人になってくれないか。」と依頼された。

　乙は、Dの依頼に応じ、E社に対する調停手続の代理を受任
することができるか。（ア）「受任できる」又は（イ）「受任で
きない」の結論を解答用紙第7欄の結論欄にカタカナの記号で
記入し、その理由を250字以内で記載しなさい。

　なお、労推法30条の2は、事業主が受け入れている派遣労働
者との関係でも適用があり、また、派遣労働者は、同条に定め
る事項についての派遣元事業主又は派遣先事業主との紛争につ

いて、同法30条の6の調停を申請することができる。解答に当たって、労推法30条の2の施行時期を考慮する必要はない。

（参考）労働施策の総合的な推進並びに労働者の雇用の安定及び職業生活の充実等に関する法律（抜粋）

（雇用管理上の措置等）

第30条の2　事業主は、職場において行われる優越的な関係を背景とした言動であって、業務上必要かつ相当な範囲を超えたものによりその雇用する労働者の就業環境が害されることのないよう、当該労働者からの相談に応じ、適切に対応するために必要な体制の整備その他の雇用管理上必要な措置を講じなければならない。

2　事業主は、労働者が前項の相談を行ったこと又は事業主による当該相談への対応に協力した際に事実を述べたことを理由として、当該労働者に対して解雇その他不利益な取扱いをしてはならない。

別 紙 1

〔Xの言い分〕

1．私は、本年3月地元の高校を卒業した後に東京都下にある大手製作会社の工場に採用されました。しかし、新型コロナウイルスの感染症が拡大したため工場での入社式がとりやめとなり、いったん実家に帰りました。もともと両親は私が地元の県内に就職することを希望していました。そこで、この機会に都会でのコロナウイルス感染の不安のある生活よりも地元で自宅から通勤できる会社に就職せよとの両親の強い希望に応じて、採用された大手製作会社には辞表を出して退職し、ハローワークを通じて地元のY社に就職しました。

2．Y社は、自宅から近くてバイクで通勤できますし、父親が旧知の人も働いていることもあり、面接を受け本年7月1日付で採用されました。採用にあたっては就職後3ヵ月の試用期間のあることは説明されていました。

3．私は、試用期間満了日である9月30日に、Y社より従業員として不適格であり、本採用できないと解雇の通知を受けました。

　　Y社の解雇理由は、私が作業の仕方や工場内の行動において安全動作ができず、安全についての資質を欠いており、また試用期間中であるにもかかわらず5日間の欠勤（うち3日間は無断欠勤）をしたことは勤務意欲と誠実さに著しく欠けており、工場従業員として不適格であり本採用できないということです。

4．しかし、会社の私に対する本採用拒否による解雇は不当であると思います。以下その事情を申し上げます。

（1）Y社では、新規の高卒者の採用は最近にはなかったということや父親の旧知の人も働いており、私の入社を歓迎してくれておりました。Y社では新入社員教育として最初数日間はテキストを用いたり幹部の人か

ら話を聞くなどの研修を受けた後、工場の各課で2～3日ずつ当該課ではどんな仕事をしているのか説明を受け、実際に業務を手伝ったりして、一通り全体的な研修を受けました。そして、8月の初めから、新入社員だから仕事の基本を身につけるためには、初歩的な作業の多い保全修理課がよいということで同課に配置され、甲係長が私の指導担当者となり密着した指導を受けて業務を行いはじめました。

（2）Y社のいう、私が安全行動について資質に欠けているというのは、私が甲係長のもとで一人作業を開始したとき、ボール盤作業で回転中のドリルの下に手を入れて穴の具合を確かめようとしたこと、エアーグラインダーの作業後所定の場所に収納しないで帰宅したこと、構内の通路の通行にあたって指差呼称をしなかったこと、それらについて乙課長の前で「安全十則」に定める安全の基本的な心得の確認と整理・収納や指差呼称の励行などの誓約書を書いた後も、午後3時の休憩時間に職場内の材料ボックスの上に腰掛けてジュースを飲んで居眠りしたこと、フォークリフトの通路で指差呼称をしなかったため、重大な接触事故の危険性があったということを理由にあげています。

（3）しかしながら、ボール盤作業ではドリルの停止を確認したつもりでしたが、少し回転中であったこと、エアーグラインダーは次の人が使用すると思って収納しなかったこと、構内通路での指差呼称を省略したのは、所定の「安全通路」であったため、工具室へ急いでいたので指差呼称は不要と考えたためです。

　　職場内でのジュース飲用の件は、休憩時間中のことであり、自販機の前にいつもの椅子がなかったので材料ボックスに腰を掛けていたものであり、また居眠りなどはしておりません。

（4）フォークリフト通路での指差呼称の件は、私が指差呼称による確認を開始しようとした瞬間に甲係長より背後から首を絞められるというパワハラを受けたことにより、指差呼称ができなかったものです。

（5）いずれも、私の試用期間中の行動が安全意識に著しく欠如しており、工場の従業員として不適格であるとして解雇されるような重大なものではなく、些細なことであり、私も今後十分気をつけて改善するつもりで

す。

5．さらに、安全についての資質を欠くというＹ社の解雇理由に関して、
　私が申し上げたいのは、私が高校卒の新入社員で工場業務が初めてであ
　るにもかかわらず、初心者向けの丁寧な指導をしてくれず、甲係長より
　性急な態度でいきなり叩く、突き飛ばす、首を絞めるといったパワハラ
　行為や怒鳴る、唱和させるなど新入社員いじめを受けて、十分に作業の
　やり方や安全行動を覚える精神的余裕をなくしていたということもあり
　ます。

（１）甲係長は気が短く、すぐに怒鳴り暴力を振るいます。ボール盤作業
　の時も背後から「止めろ」といっていきなり肩を強く叩かれ、エアーグ
　ラインダーの未収納や構内通路での指差呼称の省略の件について、乙課
　長の前で「安全十則」の励行について安全誓約書を書かされた時も、私
　の方で事情を話そうとすると「言い訳をするな」と怒鳴られて、「二度
　と繰り返しません」との挿入文を求めて書き直しを命ぜられました。休
　憩時間中ジュースを飲んで休んでいた時も「職場では居眠りするな」と
　怒鳴って突きとばされました。私は居眠りなどはしておらず、ただ眼を
　つぶってゆっくり休憩していただけです。

（２）それなのに甲係長は、「安全十則」で「職場の心のゆるみは事故のも
　と」と定めているではないか、「職場での緊張感が足りないので気合を
　入れる」といって、その場で直立の姿勢で毎朝の朝礼で唱和する「安全
　十則」をほかの従業員が通る通路の脇で大声で５回繰り返すよう命ぜら
　れました。これは新入社員いじめだと思います。従業員の中にはにやに
　や笑って通る人もあり大変恥ずかしい状況でした。

（３）その翌日に、出勤しようとしたとき、急にその時の情景が浮かび、
　会社に出勤する意欲がなくなりそのまま１日休んでしまいました。

（４）またフォークリフトの通路で、甲係長から突然後ろから首を絞めら
　れた時のことですが、甲係長は「指差呼称による確認を怠った」、「ここ
　は建物の死角になっておりフォークリフトが頻繁に通行する場所なの
　だ、今もすぐ前をフォークリフトが通行し接触の危険があり、危なかっ

たのでお前を抱きとめたのだ」と怒鳴られ、「まだ安全行動の基本が身につかないのか」と怒鳴って、「指差呼称は、職場での自分と仲間を守る基本行動だ。安全十則で毎日称えているではないか」と言って、その場で声をだして左右を指さし、安全確認を大声で呼称せよ、それを10回位繰り返せと言って実施させられました。指導担当者をよいことにして私をいじめて楽しんでいる様子でしたので、私は実際に指差呼称をしようとしていたのにと悔しくて、全身の力が抜けてしまいました。

6．そして、その翌日、工場に行こうとすると頭が真っ白になり急に心臓がどきどきして、体が熱くなり歩けなくなるような状態になり、思わずうずくまってしまいました。母親が心配して近所の医院で診察を受けたところ、「心因反応のため2日間の休養加療を要する。」との診断を受けました。診断書は母親が会社に届けてくれました。しかし、また甲係長のパワハラを受けるのかと思うと出勤意欲がなくなり、結局その日を含め4日間休んでしまいました。この欠勤は甲係長のパワハラ行為によるもので、決してサボりなどではありません。

7．その後、会社の総務部長に呼ばれ事情を尋ねられました。そこで、欠勤したことや安全行動などについて調査を受け、私は甲係長より受けたパワハラのことについても含めて上記のような内容のことを述べました。

　　会社側では、甲係長の行為は安全教育のためだといっていますが、私にとっては怒鳴られたり、叩かれたり、首を絞められるといったパワハラを受けており、安全教育や指導などではなく、いじめとしか受け取れませんでしたと言いました。

8．ところが、試用期間の終了する9月末日になって、会社から私に対してY社の従業員として適格性がなく、工場での仕事には不向きであり、本採用できないとの理由で試用期間満了による解雇の通知があり、同時に給与の30日分の解雇予告手当も振り込まれました。

9. なお、私の賃金についてですが、基本給は月給で16万5000円、通勤手当は3000円です。そして毎月1日から末日までの分を翌月20日支払いとなっております。

10. 私は、甲係長以外の会社の人は好きですし、このままY社で働きたく、この解雇は不当だと思いますので、よろしくお願いします。

以上

〔Y社の言い分〕

1. 私は、Y社の総務部長ですが、Xの件について申し上げます。

   Xは、本年3月地元の高校を卒業した後、東京の大手製作会社に就職したところ、新型コロナウイルス感染症の拡大のため同社の入社式が延期になったこともあり、地元在住の両親の希望もあって、同社を退職し地元に帰りました。

   そして、当社は地元のハローワークを通じて紹介を受け、面接等の選考の結果、Xを7月1日付で採用しました。Xは、同日から出勤をはじめました。

2. 当社は、地元にあります有名な総合機械メーカーK社の専属下請け的な工場の一つで、従業員約60名の多種、少量の特殊部品の製造業を営んでおります。

   当社では、品質管理はもちろん安全管理にも極めて厳しく対応しており、発注者のK社からは、技術と安全管理がしっかりしていると信頼されています。

3. 当社としては、Xの採用は、久しぶりに地元高校卒業の若者を採用することができたものですから、大いに将来を期待して工場としては各担当課長をはじめ、直接に配属した保全修理課の甲係長を中心として熱心に指導教育をしていました。しかし、残念ながら工場従業員として最も重要な資質である安全意識や安全行動が身につかず、むしろそれが欠けており、事故などの危険性の高い当社の工場の業務には不適格であり、また入社直後の試用期間中であるにもかかわらず5日間も欠勤し、そのうちの3日間は無断欠勤という勤務意欲と誠実さにも欠けておりますので、やむなくXについては試用期間の満了をもって本採用をせず雇用を終了することにしました。本人のためには近隣の農業関係などゆったりとした仕事が良いと考えて対処したところですが、労働局の紛争解決

手続としてあっせんの申し立てが行われましたので、円満に解決できればと思っています。

4．当社の就業規則では、別添資料のとおり新規採用者については３ヵ月の試用期間を設けており、この期間中に当社従業員として不適格と認めた場合には本採用をせず解雇するという規定になっております。

5．Ｘが入社してからは、まず、基本的な社員のあり方や働くことの意義、工場における仕事の基本や態度といったことの教育を１週間程度行いました。

　　その後、当社の主要な課で係長の下において２～３日ずつ実地に仕事や機械等の取扱い方、安全な態度と意識づけ、そして何よりもまわりに注意して安全な行動をすることを身につける安全感覚といったことを習得し、同時に工場全体のことを覚えてもらうよう努めました。

　　そして、８月初めから所定の現場作業に入り、工場従業員としての基本を習得するには自動生産機械等ではなく、基本的作業から体得してもらうためには工場の保全修理課が一番適していますので、そこに配属し、甲係長を指導担当にしました。

　　甲係長は、係長のなかでは年が若く行動がはっきりしており、指導には熱心で情熱があります。

6．会社がＸについて、安全作業や安全意識など安全についての資質に欠けており、当社従業員として不適格と判断したのは次のような事実からです。

（1）まずＸに、工場の機械作業の初歩でありますボール盤で鉄板に皿ネジの穴をあける作業を命じたときのことですが、その作業中、穴のあき具合を確認しようとドリルを停止せず、回転中のドリルの下に手を入れるという不安全作業をしました。甲係長は回転中のドリルの下に手を入れるということは、直接のケガはもちろん衣服の袖口等がまきこまれると重大な事故になりますので、最初の新入社員への安全教育の中で「回

転中のものには絶対触れてはならない」と何回も注意し、甲係長も実地作業でもその点の注意はしていました。それなのにXは不用意な動作をとったのです。

　その動作に「危ない」と感じた甲係長が注意し、とっさに肩に手を置いて機械から引き離したものであり、Xの言うように叩いたりはしていません。

（2）次に、工場においては、道具の片付け、掃除、整理整頓は基本的な行動で、これを身につけることが何より大事なのであり、「安全十則」という工場での安全行動を定め毎朝朝礼で全員が唱和する基本的安全心得でも定めています。それなのにXは、エアーグラインダーの単独作業後所定場所に収納せずそのまま放置して退社してしまいました。使用した機械や器具をそのまま放置することは安全上極めて危険な状態を作出するものです。

（3）またXは、同じく安全十則に定められている「指差呼称」による確認を軽視して、時々省略して励行しません。指差呼称は、機械の運転開始や通路の横断その他確認の必要な場合に、必要事項を「右よし」「スイッチよし」といったように声を出し、同時に指で指し示す安全行動であり、安全確認の徹底と同時に周囲に緊張感を与える安全の基本です。そこで、これら安全十則の励行をXに十分確認させ、自覚させるため、甲係長は上長の乙課長のところへXを連れて行って、前回のボール盤での危険作業、今回のエアーグラインダーの放置と、さらにXが構内の通路の横断時に指差呼称を時々しないことについてこれらをあわせて本人に徹底させ、確認させるため反省と誓約文を書いてしっかり理解させることにしたのです。

　しかし、Xは、次の人がエアーグラインダーを使用すると思ったから、すぐ仕事ができるように収納しなかったとか、指差呼称は構内の「安全通路」の場合にはいちいち時間をとる指差呼称などは必要ないといった言い訳をしました。そこで、そのような自分勝手な判断は絶対にしてはならないと、Xにもう一度「二度と繰り返しません」と誓約書を書き直させ叱責したのです。

（4）次は、休憩時間中の居眠りのことです。確かに休憩時間中は自由で
すが、10時と午後3時の休憩は、仕事中の「一服」時間でありますから、
職場の秩序や服務規律の支配の中にあります。Xは、自販機でジュース
を買い職場内の材料ボックスに腰掛けて飲んだ後、そのまま居眠りをす
るといった行動をとったのです。これは、危険な工場内における心の弛
緩となり、またそのような態度を許すことは他の従業員の緊張感に悪影
響となり、事故発生の要因につながります。そのため「安全十則」では
「職場の心のゆるみは事故のもと」と戒めております。そこで甲係長は、
本人の肩を突いて覚醒させ厳しく叱責したものでこれは当然のことなの
です。

　そして、「安全十則」をその場の通路で直立して5回唱えさせられた
ことをパワハラ、新入社員いじめとXは主張するようですが、このよ
うな弛緩した態度の放置は、本人はもとより工場全体の緊張感を欠き重
大災害の原因となります。そこで、新入社員の指導として、強く叱って
「安全十則」の精神をたたき込むことは当然のことなのです。

　ところがXは、それを暴力を振るわれたとか新入社員いじめと受け
とったと主張し、その翌日に無断欠勤をしてしまいました。これはX
のために熱心に情熱をもって指導している甲係長への誤解であり、この
ような弛緩した態度は危険の多い工場では絶対とってはならないもので
捨ててはおけないことです。

（5）またXは、工場のフォークリフトの通路を歩行中、甲係長より突然
後ろから首を絞められたと主張していますが、これは間違いです。

　というのは、工場内において通路横断時などの安全確認の基本動作と
しての「指差呼称」は安全行動の基本であり、前述のとおり誓約書を書
かせて徹底させたのです。

　ところが、Xは最も指差呼称が必要な構内フォークリフトの通路を横
断する時にそれを怠って危険状態を発生させてしまったのです。

　フォークリフトの通路では、フォークリフトの運転者の目が届かない
高さの積み荷や長尺物などの運搬などがあり、通行者との接触の危険性
が高いため、歩行者側において指差呼称して安全確認し避けることが絶

対に必要なのです。

　ところが、Xは指差呼称による確認をしないで通行しようとしており、その時建物の脇から急にフォークリフトが進行してきました。これに気づいた甲係長はXとの接触事故の危険を回避するためXを後ろから抱えて通行を阻止したのです。重大災害の危険があり、指差呼称が絶対必要な場所なのにXの指差呼称の軽視の態度が改まらないことから甲係長は、大事な指差呼称という安全確認行動の基本を徹底するため、10回の指差呼称の訓練をしたもので、適切な安全指導です。

7．しかし、Xは、甲係長から背後より首を絞められた。これは暴力行為でパワハラだと言ってその翌日から「心因反応により2日間の休養を要する」との診断書を出して欠勤し、結局4日間欠勤しました。

8．Xが出勤した後、総務部長の私から事情調査し、本人の弁明も聞きましたが、Xの言うように甲係長が気短かで性急に結果を求めすぐ暴力に訴える。新人で工場に不慣れなのに、容赦なく怒鳴り丁寧に教えてくれず新入社員いじめやパワハラをしたとXは主張しましたが、そのような事実は認められず、Xの安全行動が身につかない自分勝手な危険行為を繰り返す行動を質したものであり、指導教育上の措置として相当なものです。

9．そして、9月末日の試用期間の満了日が迫ってきましたので、社内で協議した結果、Xのように試用期間中に計5日間（うち3日は無断欠勤）も欠勤した者は今まで例がなく、また何よりも危険な不安全行動を繰り返す態度から工場従業員としての安全上の資質に欠け、重大な事故惹起の心配があり、経営上安全を第一とする当社従業員としては不適格と判断し、9月30日の試用期間満了をもって予告手当を支払い解雇することとしました。

10．なお、私個人としてはせっかく採用した高卒若年者のXですから、

工場の仕事には不適格なことは間違いありませんが、何とか当社内で別な危険のない雑務的な仕事を見つけて気長く育てても良いとの気持ちはありますが、Xの資質からみてこの決定はやむを得ません。

以上

別添資料

Y社就業規則（抜粋）

（試用期間）

第６条　新たに採用した者については、採用（就業）した日から３ヵ月を試用期間とする。ただし、期間を定めて延長することがある。

2　試用期間中に当社従業員として不適格と認めた者は、解雇することがある。ただし、入社後14日を経過した者については、第51条第２項（解雇予告）に定める手続によって行う。

3　試用期間は、勤続年数に通算する。

〈あっせん事例〉模範解答例と解説

Ⅰ　模範解答例及び出題の趣旨と配点

第1問

小問　（1）

模範解答例

①Ⅹは、Ｙ社に対し、労働契約上の権利を有する地位にあることを確認する。

②Ｙ社は、Ⅹに対して、令和2年11月から毎月20日限り、金16万5,000円を支払え。

出題の趣旨と配点

　Ⅹの立場に立って、特定社会保険労務士としてⅩを代理し、試用期間満了に伴う本採用拒否による解雇の無効を主張し、Ⅹを申請人、Ｙ社を被申請人として「個別労働関係紛争の解決の促進に関する法律」に基づき都道府県労働局長にあっせん申請（以下「本件手続」という。）をするとして、当事者間の権利関係を踏まえて記載するとした場合の「求めるあっせんの内容」の記載を問う出題である。

　解答にあたっては、本問が労働契約上の地位の確認という法的構成による請求を求めているので、「求めるあっせんの内容」は、訴状の「請求の趣旨」のように、地位確認請求の記載と、それに基づく賃金請求の記載を求めるものである。（10点）

コメント

　本問は、これまで何度も繰り返し出題されている解雇に関する出題であり、訴状の「請求の趣旨」は定型のパターンを記せばよいでしょう。特に②については、誰が誰に対し、いつから、いくら支払いを請求するか、賃金の定めにつき問題文から抽出して記載すればよいでしょう。9月末日の試用期間満了をもっての解雇であるため、10月20日に9月分給料が支給されます。よって、11月支給分給料から請求すればよいでしょう。解雇予告

手当の支払はされていますが、労働者の立場として、この分を考慮する必要はありません。

小問 （2）

模範解答例

①Xは、高校を卒業してから半年しか経過していない新規採用労働者であること。

②試用期間中の行動が安全意識を著しく欠如したものではなく、本採用拒否に当たるような重大な内容とは言えずむしろ些細なことであり、工場従業員として不適格ということはいえないものであること。

③Xが高卒の新入社員で、工場勤務が初めてであることにも関わらず、初心者向けの丁寧な指導をされず、直属の甲係長は、性急な態度でいきなり叩く、突き飛ばす、首を絞めるといったパワハラ行為をしていたこと。

④「安全十則」をほかの従業員が通る通路の脇で、大声で5回繰り返すよう不適切な命令を受けたことはXの自尊心を傷つけただけでなく、自発的に改善を試みるつもりだった安全行動の妨げになったこと。

⑤欠勤は甲係長のパワハラ行為によるものであり、心因反応によるものであり、診断書も提出していること。

出題の趣旨と配点

　特定社会保険労務士として、Xを代理して、本件手続を申請し、Xの立場に立って、Y社のXに対する試用期間満了に伴う本採用拒否が無効であることを主張する場合、それを根拠づける主張事実の項目を簡潔に箇条書きで5項目以内にまとめて記載することを求めるものである。

　解答にあたっては、まず本問は試用期間の満了に基づく本採用拒否であるから、主張すべき要件の項目としては、試用期間付の労働契約であること及び新規採用であることから適切な教育指導が必要であるところそれに欠けていること、Y社主張の安全行動の資質に欠け、従業員として不適格な事実はないこと、安全行動を妨げるパワハラ行為的行動がY社側にあること、無断欠勤の帰責事由はXにないこと等を主張すべき項目として記載

を求めるものである。(20点)

コメント

　ここでは労働者を保護してあげなければ可哀想である事由とされる、保護事由についてＸの主張から拾っていけばよいことになります。本件の場合、新卒者であることから、即戦力を期待する中途採用に比べ、適切な教育がされたか否かが、重要なポイントとなります。

小問 （3）

模範解答例

①Ｙ社は、Ｘとの労働契約に３か月の試用期間を設けていたこと。

②Ｙ社はＸに対し、基本的な社員の在り方や、働くことの意義、工場における仕事の基本や態度といったことの教育を１週間程度行ったこと。

③安全意識や安全行動が身につかないＸに対し、係長の中では若く行動がはっきりしている甲係長は、指導には熱心で、情熱があり、適任だったこと。

④Ｙ社はＸに対して適切な指導を行っていたものだが、Ｘの安全行為が身につかない身勝手な危険行為を繰り返す行動は、改善の見込みがなく、当社従業員としては不適格であり、解雇の決定はやむを得ないものであること。

⑤試用期間中に計５日間（うち３日は無断欠勤）も欠勤した者は、これまで例がなく、当社従業員としては不適格であること。

出題の趣旨と配点

　特定社会保険労務士として、Ｙ社を代理して、Ｙ社の立場に立って、本件手続においてＹ社の行ったＸに対する試用期間満了に伴う解雇が有効であると主張する場合、それを根拠づける主張事実の項目を簡潔に箇条書きで５項目以内にまとめて記載することを求める出題である。

　解答にあたっては、本件が試用期間満了に伴う本採用拒否の解雇であることから、試用期間付の雇用契約の法的性質である解約権留保契約からみ

た主張項目の記載が必要で、本件契約の存在、適正な指導教育を行ったこと、工場従業員としてＸは著しく不適格なこと、勤務意欲に欠けること及びパワハラ行為でなく教育指導として相当な範囲のものであること等の主張すべき項目の記載を求めるものである。（20点）

コメント

　小問（2）と同様なポイントを、逆の立場から主張すればよいということになります。

小問（4）

模範解答例

　試用期間満了の解雇は、同期間経過後の解雇より、使用者にとって広い裁量が認められるものの、新卒者の場合、解雇に至るまでの間に十分な教育を施すことが要求される。本件の場合、甲係長の指導は、叩く、蹴る、大声で怒鳴る等、新卒のＸに対する対応として不適切だったと言わざるを得ない。また、無断欠勤も、甲係長の不適切な指導による心因反応であったため、帰責事由は会社側にある。よって、Ｘが、安全確認行動が励行できないこと、無断欠勤をしたことを主な理由として、業務遂行に不適格と判断した本件解雇は解雇権の濫用である。　　　　　　　　　　（249字）

出題の趣旨と配点

　本件事案について、双方の主張事実や本件事案の内容等を踏まえて本件試用期間満了による本採用拒否の解雇の効力について考察し、その法的判断の見通し・内容について250字以内での記載を求める出題である。

　解答にあたっては、本件が試用期間中の解雇であることから、試用期間満了時の解雇は通常解雇とは異なるのでその法的意義内容に言及し、その上でＸ、Ｙ社の主張事実の内容、Ｘの従業員としての不適格性の立証はＹ社が行うべきであることから、本件主張関係を考察して、客観的合理性と社会通念上の相当性についての判断考察内容の記載を求めるものである。（10点）

解答は、労働者・使用者どちらの立場からでも主張してよいのですが、本書では、労働者の立場から、主張しているものです。

小問　（5）

模範解答例

本件試用期間満了時の解雇は、Ｙ社から新卒Ｘに対して適切な指導がされていないことから無効とされるものと解される。よって、Ｘが希望すれば、復職は可能であると解される。この場合、Ｙ社就業規則第６条第１項により、試用期間の延長を行うことが考えられるが、他方、Ｙ社からＸの復職に関する同意が得られない場合、また、Ｘがよくよく考えたうえ、甲係長をはじめとして、一度こじれた人間関係を修復するのが難しいということであれば、Ｙ社が本件解雇を撤回し、Ｘに解決金を支払ったうえで、合意解約するのが得策と考えられる。　　　　　　　　　　（247字）

出題の趣旨と配点

本件事案について、Ｘの代理人である特定社会保険労務士として、本件「あっせん手続」において、小問（4）の「法的判断の見通し・内容」を踏まえ、Ｙ社側の主張事実も考慮し、妥当な現実的解決を図るとした場合、どのような内容の提案をするかについて250字以内で記載を求める出題である。

本問の解答にあたっては、小問（4）で考察した法的判断をもとにして和解解決を図るとした場合にどのような提案が、Ｘとして双方の主張や事実関係からみて現実的で妥当なものであるかについて、Ｘの立場として考えられる提案内容の記載を求めるものである。（10点）

Ⅱ　論点整理

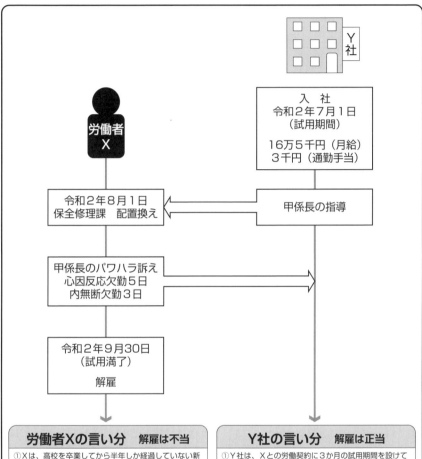

Y社

入　社
令和2年7月1日
（試用期間）

16万5千円（月給）
3千円（通勤手当）

労働者
X

令和2年8月1日
保全修理課　配置換え

甲係長の指導

甲係長のパワハラ訴え
心因反応欠勤5日
内無断欠勤3日

令和2年9月30日
（試用満了）

解雇

労働者Xの言い分　解雇は不当

①Xは、高校を卒業してから半年しか経過していない新規採用労働者であること。
②試用期間中の行動が安全意識を著しく欠如したものではなく、本採用拒否に当たるような重大な内容とは言えずむしろ些細なことであり、工場従業員として不適格ということはいえないものであること。
③Xが高校卒の新入社員で、工場勤務が初めてであることにも関わらず、初心者向けの丁寧な指導をされず、直属の甲係長は、性急な態度でいきなり叩く、突き飛ばす、首を絞めるといったパワハラ行為をしていたこと。
④「安全十則」をほかの従業員が通る通路の脇で、大声で5回繰り返すよう不適切な命令を受けたことはXの自尊心を傷つけただけでなく、自発的に改善を試みるつもりだった安全行動の妨げになったこと。
⑤欠勤は甲係長のパワハラ行為によるものであり、心因反応によるものであり、診断書も提出していること。

Y社の言い分　解雇は正当

①Y社は、Xとの労働契約に3か月の試用期間を設けていたこと。
②Y社はXに対し、基本的な社員の在り方や、働くことの意義、工場における仕事の基本や態度といったことの教育を1週間程度行ったこと。
③安全意識や安全行動が身につかないXに対し、係長の中では若く行動がはっきりしている甲係長は、指導には熱心で、情熱があり、適任だったこと。
④Y社はXに対して適切な指導を行っていたものだが、Xの安全行為が身につかない身勝手な危険行為を繰り返す行動は、改善の見込みがなく、当社従業員としては不適格であり、解雇の決定はやむを得ないものであること。
⑤試用期間中に計5日間（うち3日は無断欠勤）も欠勤した者は、これまで例がなく、当社従業員としては不適格であること。

Ⅲ　解法の手順☞争点の概要を掴む

本問の争点は、「試用期間満了の解雇」と、「パワハラ」である。

1　試用期間満了の解雇（概要）

試用期間満了の解雇については、特定社会保険労務士試験の第6回に出題されていることから、詳細な解説はそちらに譲り、ここでは、更に押さえておきたいポイントならびに、最近の判例の動向を確認するものである。

1　試用期間の法的性格

試用期間の目的は一般に、労働者の能力・適性を見極めて

①本採用するかどうかを決定すること

②配属先を決定すること

である。

その、法的性格としては、会社ごとの就業規則の文言や運用により細かい点で違いは生じるものの、法的な言い回しでいえば、「解約権留保付の労働契約」であると解されている（**三菱樹脂事件　最判　昭48.12.12**）。

「解約権留保付の労働契約」とは、試用期間中の労働者について、正社員としてやっていける見込みがないという場合には解約する権利を使用者に認めているものの、使用者との間に労働契約が成立している点では、本採用後の労働者と変わりがないということである。

よって、試用期間中の労働者ついても、解雇の無効を定めた**労働契約法第16条**の規定が適用される。

参考 労働契約法

第16条　解雇は、客観的に合理的な理由を欠き、社会通念上相当であると認められない場合は、その権利を濫用したものとして、無効とする。

---

2 前掲三菱樹脂事件

「試用期間満了の解雇」のリーディングケースとなった最高裁判例である、**三菱樹脂事件**を復習しておく。

【事案】

新卒者であったXは、Yに管理職要員として卒業と同時に入社したが、3か月の試用期間が終わる直前に本採用を拒否された。その理由は、Xが入社試験の際に、大学在学中に過激な学生運動に関与していた事実を隠したことが、管理職候補として相応しくないと判断されたからというものであった。Xは、本採用拒否の効力を争い、雇用契約上の権利の確認を求めて提訴した。

【原判決要旨】

原判決（東京高判 昭43.6.12）は、本件の雇用契約は、試用期間中にXが管理職要員として不適格と判断された場合は、それだけを理由として雇用を解約することができるという解約権が留保された契約であり、それゆえ、本件の留保解約権の行使は解雇にあたるとし、Yが入社試験の際に申告を求めた事柄（政治的思想や信条に関連する事項）は、そもそも入社試験において申告を求めるべきものではなく、これ自体が公序良俗に反するものであるから、Xが虚偽の回答をしたからといって、これを理由に雇用契約を解約することはできないとした。

【最高裁判決要旨】

これに対し、最高裁では以下の理由で労働者側が敗訴し、「試用者解約権行使は、試用期間付契約の趣旨に鑑みて、雇入れ後の解雇の時よりは解雇の自由が広く認められる。」との判断がされた。

すなわち、「企業者が、大学卒業者を管理職要員として新規採用するにあたり、採否決定の当初においてはその者の管理職要員としての適格性の判定資料を十分に蒐集することができないところから、後日における調査や観察に基づく最終的決定を留保する趣旨で試用期間を設け、企業者において右期間中に当該労働者が管理職要員として不適格であると認めたときは解約できる旨の特約上の解約権を留保したときは、その行使は、右解約権留保の趣旨、目的に照らして、客観的に合理的な理由が存し社会通念上

相当として是認されうる場合にのみ許されるものと解すべきである。」と
示した。

3　新卒における比較的最近の「試用期間満了の解雇」にかかる裁判例

　他の新卒者の例では、産業用機械の製作、販売等の事業を営む会社に採
用された労働者が、被告との間で試用期間のある労働契約を締結していた
原告が、被告に対し、延長された試用期間中に本採用を拒否（解雇）され
たところ、その延長が無効であるとともに解雇が客観的合理的理由を欠き
社会通念上も相当でなく無効であるとし提訴した事案（**地位確認等請求事
件　東京地判　令2.9.28**）では、労働者が、実質的には新卒者と同じで
あること、会社が認識する労働者の問題に対して適切な指導を実施して改
善されるか否かを検討したと認めるに足りる証拠がなく、かえって、退職
勧奨に力を入れて当該労働者の問題を改善させることと相容れないと考え
られる本件会議室における一人での自習を主に続けさせたことを併せ考え
ると、前記の集中力や指導担当者の説明を聴きとって理解することの問題、
学習意欲に不足がある態度、意思疎通の問題が解雇事由に当たると評価す
ることはできないというべきであると判断し、労働者の主張を認めた。

　また、技術者として採用された労働者の勤務態度の悪さを理由に行われ
た本採用拒否が有効とされた**日本基礎技術事件（大阪高判　平24.2.10）**
では、労働者が自身の勤務態度の改善が必要であったことを十分認識して
おり、改善に向けた努力をする機会も与えられており、指導・教育も受け
ていたことを指摘して、解雇をする前に告知・聴聞の機会を与えずとも、
当該解雇は有効であると判断した。

　さらに、**三井倉庫事件（東京地判　平13.7.2）**では、3か月の見習期
間を設けて採用された労働者が、平易な作業であってもミスがめだって多
かったため、2か月見習期間が延長されたが、能力が採用の水準に至らず
解雇された。裁判所は、労働者の能力不足と適格性欠如は明らかであり、
これは、就業規則上の普通解雇事由にあたり、本件では試用期間か否かを
考慮するまでもなく、解雇は有効であると判断した。

4　中途採用における比較的最近の「試用期間満了の解雇」にかかる裁判例

他方、中途採用者の本採用拒否については、新卒者の場合よりも、能力や適格性の有無が厳しく審査され、通常の解雇よりも緩やかな基準で解雇の有効性が判断される傾向にある。

不動産の賃貸借その他の事業を営むことを目的とする特例有限会社に入社したXは、b証券株式会社オペレーションズ部門（出向）のアナリストとして、年俸670万円で労働契約を締結した。ところが試用期間中に、繰り返し重大なミスをしたものであり、即戦力を期待して採用した労働者の業務上のミスが、そもそも指導等によって改善を期待するというよりも、自らの注意不足や慎重な態度を欠くことにも由来するものであると考えられる。こうしたことの諸事情を総合的に考慮すると、当該労働者に対する指導の中では「いくらか改善がみられる」旨が言及されたこと等の事情があったとしても、引き続き雇用しておくことが適当でないとの被告の判断が客観的に合理性を欠くものであるとか、社会通念上相当なものであると認められないものであるとは、解し難いとし、解雇を有効とした（**地位確認等請求事件　東京地判　平31.2.25**）。

5　その他

試用期間の長さ、経歴詐称による解雇の裁判例については、第6回試験の解説を参照のこと。

2　セクハラ・パワハラ等、ハラスメントにおける使用者の措置義務

1　概要

もう一つの論点である「パワハラ」について、使用者の措置義務が開始された。

2019年の第198回通常国会において「女性の職業生活における活躍の推進に関する法律等の一部を改正する法律」が成立し、これにより「労働施策の総合的な推進並びに労働者の雇用の安定及び職業生活の充実等に関する法律」（以下「労働施策総合推進法」（通称：パワハラ防止法）という。）

が改正され、職場におけるパワーハラスメント防止対策が事業主に義務付けられた。

　併せて、男女雇用機会均等法及び育児・介護休業法においても、セクシュアルハラスメントや妊娠・出産・育児休業等に関するハラスメントに係る規定が一部改正され、今までの職場でのハラスメント防止対策の措置に加えて、相談したこと等を理由とする不利益取扱いの禁止や国、事業主及び労働者の責務が明確化されるなど、防止対策の強化が図られた。

　なお、改正法の施行は2020年6月1日だったが、パワーハラスメントの雇用管理上の措置義務については、中小事業主は2022年4月1日から義務化となり、それまでの間は努力義務となる。

2　職場におけるパワーハラスメントの防止のために講ずべき措置

【パワーハラスメントに該当すると考えられる例／しないと考えられる例】

　職場におけるパワーハラスメントの状況は多様ですが、代表的な言動の類型としては以下の6つの類型があり、類型ごとに典型的にパワーハラスメントに該当し、又はしないと考えられる例としては以下のようなものがあります。

　※　これらの例は限定列挙ではありません。また個別の事案の状況等によって判断が異なることもありえますので、事業主の方は十分留意して、職場におけるパワーハラスメントに該当するか微妙なものも含め広く相談に対応するなど適切な対応をお願いします。なお、以下の例については、優越的な関係を背景として行われたものであることが前提です。

代表的な言動の類型	（イ）該当すると考えられる例 ※	（ロ）該当しないと考えられる例 ※
（1）身体的な攻撃 （暴行・傷害）	①殴打、足蹴りを行う ②相手に物を投げつける	①誤ってぶつかる
（2）精神的な攻撃 （脅迫・名誉棄損・侮辱・ひどい暴言）	①人格を否定するような言動を行う。相手の性的指向・性自認に関する侮辱的な言動を含む（★1） ②業務の遂行に関する必要以上に長時間にわたる厳しい叱責を繰り返し行う ③他の労働者の面前における大声での威圧的な叱責を繰り返し行う ④相手の能力を否定し、罵倒するような内容の電子メール等を当該相手を含む複数の労働者宛てに送信する	①遅刻など社会的ルールを欠いた言動が見られ、再三注意してもそれが改善されない労働者に対して一定程度強く注意をする ②その企業の業務の内容や性質等に照らして重大な問題行動を行った労働者に対して、一定程度強く注意をする

（3）人間関係からの 切り離し （隔離・仲間外し・無視）	①自身の意に沿わない労働者に対して、仕事を外し、長期間にわたり、別室に隔離したり、自宅研修させたりする ②一人の労働者に対して同僚が集団で無視をし、職場で孤立させる	①新規に採用した労働者を育成するために短期間集中的に別室で研修等の教育を実施する ②懲戒規定に基づき処分を受けた労働者に対し、通常の業務に復帰させるために、その前に、一時的に別室で必要な研修を受けさせる
（4）過大な要求 （業務上明らかに不要なことや遂行不可能なことの強制・仕事の妨害）	①長期間にわたる、肉体的苦痛を伴う過酷な環境下での勤務に直接関係のない作業を命ずる ②新卒採用者に対し、必要な教育を行わないまま到底対応できないレベルの業績目標を課し、達成できなかったことに対し厳しく叱責する ③労働者に業務とは関係のない私的な雑用の処理を強制的に行わせる	①労働者を育成するために現状よりも少し高いレベルの業務を任せる ②業務の繁忙期に、業務上の必要性から、当該業務の担当者に通常時よりも一定程度多い業務の処理を任せる
（5）過小な要求 （業務上の合理性なく能力や経験とかけ離れた程度の低い仕事を命じることや仕事を与えないこと）	①管理職である労働者を退職させるため、誰でも遂行可能な業務を行わせる ②気にいらない労働者に対して嫌がらせのために仕事を与えない	①労働者の能力に応じて、一定程度業務内容や業務量を軽減する
（6）個の侵害 （私的なことに過度に立ち入ること）	①労働者を職場外でも継続的に監視したり、私物の写真撮影をしたりする ②労働者の性的指向・性自認や病歴、不妊治療等の機微な個人情報について、当該労働者の了解を得ずに他の労働者に暴露する（★2）	①労働者への配慮を目的として、労働者の家族の状況等についてヒアリングを行う ②労働者の了解を得て、当該労働者の機微な個人情報（左記）について、必要な範囲で人事労務部門の担当者に伝達し、配慮を促す

★1　相手の性的指向・性自認の如何は問いません。また、一見、特定の相手に対する言動ではないように見えても、実際には特定の相手に対して行われていると客観的に認められる言動は含まれます。
　　なお、性的指向・性自認以外の労働者の属性に関する侮辱的な言動も、職場におけるパワーハラスメントの3つの要素を満たす場合には、これに該当します。
★2　プライバシー保護の観点から、（6）（イ）②のように機微な個人情報を暴露することのないよう、労働者に周知・啓発する等の措置を講じることが必要です。
（出典：厚生労働省都道府県労働局雇用環境・均等部（室）「職場におけるパワーハラスメント対策が事業主の義務になりました！　セクシュアルハラスメント対策や妊娠・出産・育児休業等に関するハラスメント対策とともに対応をお願いします」4頁）

3　パワーハラスメントに関する措置義務

◆**事業主の方針等の明確化及びその周知・啓発**

①職場におけるパワハラの内容・パワハラを行ってはならない旨の方針を明確化し、労働者に周知・啓発すること

②行為者について、厳正に対処する旨の方針・対処の内容を就業規則等の文書に規定し、労働者に周知・啓発すること

◆**相談に応じ、適切に対応するために必要な体制の整備**

③相談窓口をあらかじめ定め、労働者に周知すること

④相談窓口担当者が、相談内容や状況に応じ、適切に対応できるように
　すること

◆**職場におけるパワーハラスメントに係る事後の迅速かつ適切な対応**

⑤事実関係を迅速かつ正確に確認すること

⑥速やかに被害者に対する配慮のための措置を適正に行うこと^(注1)

⑦事実関係の確認後、行為者に対する措置を適正に行うこと^(注1)

⑧再発防止に向けた措置を講ずること^(注2)

^(注1) 事実確認ができた場合

^(注2) 事実確認ができなかった場合も同様

◆**そのほか併せて講ずべき措置**

⑨相談者・行為者等のプライバシー^(注3)を保護するために必要な措置
　を講じ、その旨労働者に周知すること

⑩相談したこと等を理由として、解雇その他不利益取扱いをされない旨
　を定め、労働者に周知・啓発すること

^(注3) 性的指向・性自認や病歴、不妊治療等の機微な個人情報も含む。

4　その他ハラスメント防止措置について

　男女雇用機会均等法、育児・介護休業法、労働施策総合推進法では、職
場における下記のハラスメントについて、事業主が防止対策を講じること
が義務となっている。

（1）妊娠・出産、育児・介護休業等に関するハラスメント

　この類型のハラスメントは、妊娠、出産等をしたことを理由に、あるい
は育児・介護休業等の制度を利用した、または利用しようとしたことを理
由に、上司や同僚により就業環境が害されることをいう。

（2）セクシュアルハラスメント

　この類型のハラスメントは、労働者の意に反する性的な言動に対する労
働者の対応により、その労働者が労働条件について不利益を受けたり、性
的な言動により就業環境が害されることをいう。

　上記のハラスメントについては、男女雇用機会均等法、育児・介護休業法、労働施策総合推進法に基づく指針において、事業主が講ずべき措置が下記のとおり定められている。

事業主の方針の明確化及び周知・啓発	ハラスメントの内容、行ってはならない旨の方針を明確化し、周知すること
	行為者には厳正に対処する旨の方針と対処内容を定め、周知すること
相談に応じ、適切に対処するための体制整備	相談窓口を設置し、窓口担当者が適切に対応できるようにすること
	あらゆるハラスメントの内容に一元的に対応することが望ましいこと
ハラスメントの事後の迅速かつ適切な対応	事実関係を迅速かつ正確に確認すること
	事実確認ができた場合、被害者に対する措置を適正に行うこと
	事実確認ができた場合、行為者に対する措置を適正に行うこと
	再発防止に向けて措置を講じること
ハラスメントの原因解消のための措置	業務体制の整備など、事業主や妊娠等をした労働者その他の労働者の実情に応じ、必要な措置を講じること（妊娠等ハラスメントのみ）
併せて講ずべき措置	相談者等のプライバシーを保護するために必要な措置を講じ、周知すること
	相談したこと等を理由として不利益取扱いをしてはならない旨を定め、周知すること

（出典：厚生労働省 HP）

③　措置義務違反の罰則について

　パワハラ防止法には「罰則」がない。

　しかし、厚生労働大臣は、労働施策総合推進法の施行に関し必要があると認めるときは、事業主に対して、助言、指導または勧告をすることができ（**労働施策総合推進法 33条 1 項**）、特に、措置義務に違反している事業主が勧告に従わない場合には、その旨の公表がされる可能性もある（**労働施策総合推進法 33条 2 項**）ので、注意が必要である。

第2問

小問　(1)─────────────────────────────

Ⅰ　模範解答例及び出題の趣旨と配点

模範解答例

「結論」　(ア)(「受任できる」)

「理由」　甲がBから依頼された年金の請求書作成及び提出の代行は、紛争
　　解決手続代理業務ではないため、A社の依頼は受けられる。また、甲が
　　Bの相談を受けたのは6か月前であり、その時点で解雇の協議を受けて
　　おらず、2つの事件は接点がない。さらに、Bの職歴や家族構成等はA
　　社との関係で秘密といえず、年金請求手続代行は定型的な書類作成ない
　　し提出代行の事務であり、甲とBとの間に信頼関係は残存していない。
　　仮に、A社の依頼を受けても、利益相反、守秘義務、社会保険労務士の
　　品位や信用、公正な立場につきなんら問題はない。　　　　　　(244字)

出題の趣旨と配点

　　開業している特定社会保険労務士甲は、A社から、新型コロナウイルス
感染症の影響により業績が悪化したため、60才の定年後に再雇用していた
Bを解雇したところ、解雇は無効であるとしてBが労働局にあっせん手続
を申し立てたので、A社の代理人として対応してほしいと依頼された。

　　甲は、Bの氏名に見覚えがあったので調べてみると、約6ヶ月前に、自
治体主催の年金相談会でBから相談を受け、その数日後に、Bの依頼によ
り、Bの職歴や家族構成等を聴取したうえで、老齢年金の繰上げ受給の請
求書作成及び提出の代行をしていたことがわかった。

　　このような事実関係がある場合に、甲は、A社からの依頼を受任するこ
とができるかを問う出題であり、「受任できる」「受任できない」の結論を
解答用紙に記号で記入し、その理由を250字以内で理由欄に記載を求める
出題である。

　解答にあたって、まず、本件の事実関係からみて年金請求手続代行は紛争解決手続代理業務ではなく、Ａ社の依頼は業務を行い得ない事件ではない。その上で、甲はＢから解雇について協議を受けておらず、２つの事件は内容的に関係がないことを踏まえ、Ｂの職歴や家族構成等はＡ社との関係で秘密といえるか、年金請求手続代行は定型的な書類作成ないし提出代行の事務で、その後約6ヶ月を経過しているところ、Ｂとの間に信頼関係がなお残存しているといえるか等の観点から、利益相反のおそれ、守秘義務違反、社会保険労務士の品位や信用、公正な立場等についての考察を問うものである。(15点)

Ⅱ　論点整理

〈特定社会保険労務士の業務を行えるか？〉

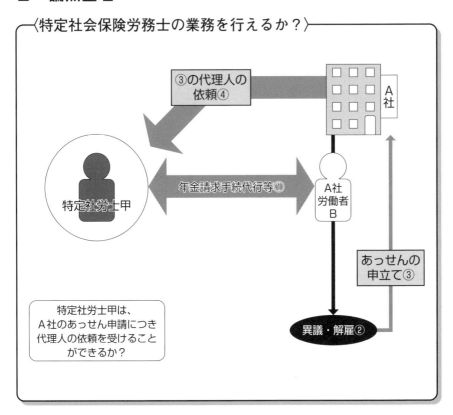

Ⅲ　解法の手順☞争点の概要を掴む

　社労士の倫理問題を解答するにあたっては、問題文中、主として以下の社労士法各条文（社会保険労務士の職責・信用失墜行為の禁止・秘密を守る義務・業務を行い得ない事件）に照らして、出題の場合、何を根拠とするかの方針を立て回答する。

　本問の場合、社労士法22条の「業務を行い得ない事件」には当たらない。そうすると、残り、「社会保険労務士の職責」、「信用失墜行為の禁止」、「秘密を守る義務」の中から、理論立てて解答することになる。

　この場合、甲がA社からの依頼を受けるにあたり、約6ヶ月前に受けた労働者Bの年金受給に関する相談ならびに、提出代行業務が、社労士法第22条に該当するのか、すなわち紛争解決手続代理業務に該当するのか、といった点から論を進めることになる。

参考 社会保険労務士法　…（今回の倫理問題に関係する条文）

（社会保険労務士の職責）

第1条の2　社会保険労務士は、常に品位を保持し、業務に関する法令及び実務に精通して、公正な立場で、誠実にその業務を行わなければならない。

（信用失墜行為の禁止）

第16条　社会保険労務士は、社会保険労務士の信用又は品位を害するような行為をしてはならない。

（秘密を守る義務）

第21条　開業社会保険労務士又は社会保険労務士法人の社員は、正当な理由がなくて、その業務に関して知り得た秘密を他に漏らし、又は盗用してはならない。開業社会保険労務士又は社会保険労務士法人の社員でなくなった後においても、また同様とする。

（業務を行い得ない事件）

第22条　社会保険労務士は、国又は地方公共団体の公務員として職務上取り扱つた事件及び仲裁手続により仲裁人として取り扱つた事件については、その業務を行つてはならない。

2　特定社会保険労務士は、次に掲げる事件については、紛争解決手続代理業務を行つてはならない。ただし、第三号に掲げる事件については、受任している事件の依頼者が同意した場合は、この限りでない。

一　紛争解決手続代理業務に関するものとして、相手方の協議を受けて賛助し、又はその依頼を承諾した事件

二　紛争解決手続代理業務に関するものとして相手方の協議を受けた事件で、その協議の程度及び方法が信頼関係に基づくと認められるもの

三　紛争解決手続代理業務に関するものとして受任している事件の相手方からの依頼による他の事件

四　開業社会保険労務士の使用人である社会保険労務士又は社会保険労務士法人の社員若しくは使用人である社会保険労務士としてその業務に従事していた期間内に、その開業社会保険労務士又は社会保険労務士法人が、紛争解決手続代理業務に関するものとして、相手方の協議を受けて賛助し、又はその依頼を承諾した事件であつて、自らこれに関与したもの

五　開業社会保険労務士の使用人である社会保険労務士又は社会保険労務士法人の社員若しくは使用人である社会保険労務士としてその業務に従事していた期間内に、その開業社会保険労務士又は社会保険労務士法人が紛争解決手続代理業務に関するものとして相手方の協議を受けた事件で、その協議の程度及び方法が信頼関係に基づくと認められるものであつて、自らこれに関与したもの

小問　（2）————————————————————————

I　模範解答例及び出題の趣旨と配点

模範解答例

「結論」　（イ）（「受任できない」）

「理由」　Dが乙に依頼しているのは、C社でなくE社を相手方とする調停
であり、相手が異なるため業務を行い得ない事件ではない。しかし、C
社とE社はDの派遣元、派遣先の関係にあり、いずれも派遣先E社のF
のパワハラ行為を問うものであり、C社とE社双方に対して、職務執行
の公正性、品位及び信用の保持に問題がある。また、Fの同じ行為につ
き、乙が立場を変え、代理人としてC社とDの対極の主張をすることは、
C社との関係で守秘義務違反、C社の事件で聴取に協力したE社との関
係で社労士への信頼を害するため、受任することはできない。（250字）

出題の趣旨と配点

　特定社会保険労務士乙は、派遣会社（派遣元）C社より、元従業員（派
遣労働者）のDから労働施策の総合的な推進並びに労働者の雇用の安定及
び職業生活の充実等に関する法律（以下「労推法」という。解答に際して
も同様に略記してよい。）30条の6に基づく調停手続を申立てられたので、
代理人として対応してほしいと依頼され、これを受任した。

　調停申請書によれば、Dの主張は、「派遣先E社において、E社の従業
員Fからパワハラを受けたので、派遣元C社の派遣元責任者に相談したが、
C社は何も対応してくれず、逆に派遣労働契約の期間満了と同時に雇止め
された。これは、労推法30条の2第2項が禁じる不利益取扱いであり、権
利侵害の不法行為として損害賠償を請求する。」というものであった。

　乙は、派遣先E社の協力を得てE社の役職員から当時のD及びFの言動
や職場環境等について事情を聴取した上、調停期日に臨んだが、Dとは合
意に至らず、調停手続は打切りにより終了した。その結果、紛争が解決し
ないまま、乙がC社から受任した業務も終了した。

　その後、半年ほどして、乙は、Dから電話で「派遣元C社との紛争につ

いては、自分（D）で民事訴訟を起こすべく準備を進めている。ところで、Fから受けたパワハラに関し、別途、派遣先E社に対して、労推法30条の2第1項が定める措置についての注意義務違反を理由とする損害賠償を請求するため、調停手続を申し立てたいのだが、あなた（乙）はすでに事情をわかっているから、E社に対する事件について、自分（D）の代理人になってくれないか。」と依頼された。

　乙は、Dの依頼に応じ、E社に対する調停手続の代理を受任することができるか否かを問う出題であり、「受任できる」「受任できない」の結論を記号で記入し、その理由を250字以内で理由欄に記載を求める出題である。

　なお、労推法30条の2は、事業主が受け入れている派遣労働者との関係でも適用があり、また、派遣労働者は、同条に定める事項についての派遣元事業主又は派遣先事業主との紛争について、同法30条の6の調停を申請することができる。解答に際し、労推法30条の2の施行時期を考慮する必要はないとされている。

　解答にあたって、本問は、C社から受任した事件は終了済で、Dの依頼はE社を相手方とする事件なので、業務を行い得ない事件ではない。しかし、2つの事件はともにFのパワハラ行為を請求原因に含んでいるので、2つの事件の関係を踏まえ、C社の事件における乙のE社との関係や関与の程度、仮にDから受任した場合に予想されるE社に対する主張の内容、Dが今後C社に対して民事訴訟を提起する可能性等に照らし、社会保険労務士としての職務執行の公正性、品位及び信用の保持、E社及びC社との関係での信頼関係、秘密保持、品位及び信用失墜のおそれの点からの考察を問うものである。（15点）

Ⅱ 論点整理

〈特定社会保険労務士の業務を行えるか？〉

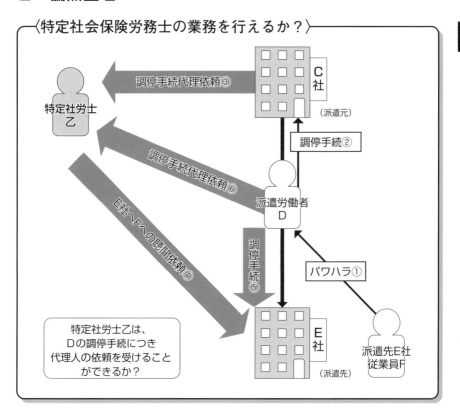

Ⅲ　解法の手順☞争点の概要を掴む

　社会保険労務士乙が、派遣元Ｃ社の調停手続を代理した、派遣先Ｅ社の従業員Ｆのパワハラ案件に関連して、Ｃ社の相手方だった、派遣労働者Ｄの派遣先Ｅ社に対する調停手続を代理ができるかの問題である。調停手続代理が、社労士法22条の「業務を行い得ない事件」に該当するか否かが判断として大切である。相手方が異なるため、一見すると受任できる事案と思われるが、派遣の実態を考えると、双方代理と変わらない図式となる。

　そうすると、その他の要件である、「社会保険労務士の職責」、「信用失墜行為の禁止」、「秘密を守る義務」に当たることとなるため、乙が派遣労働者Ｄからの依頼を受けることには問題があるとの帰結を導くこととなる。

＊拡大コピーしてご使用ください。

第１欄〔第１問・小問(1)〕

第２欄〔第１問・小問(2)〕

第３欄〔第１問・小問(3)〕

第 4 欄〔第 1 問・小問(4)〕

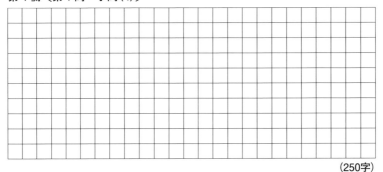

(250字)

第 5 欄〔第 1 問・小問(5)〕

(250字)

第 6 欄〔第 2 問・小問(1)〕
結論

第 6 欄〔第 2 問・小問(1)〕
理由

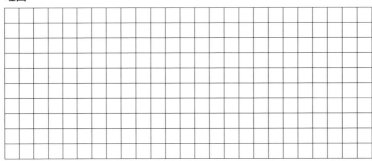

(250字)

第 7 欄〔第 2 問・小問 (2)〕
結論

第 7 欄〔第 2 問・小問 (2)〕
理由

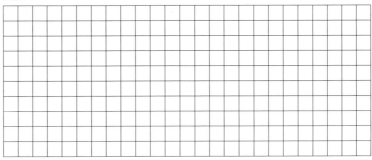

(250字)

第17回

紛争解決手続代理業務試験問題
（令和 3 年12月 4 日実施）

第17回　紛争解決手続代理業務試験問題

（注　意）

1．係員の指示があるまで、この問題用紙を開かないでください。

2．別に配付した解答用紙（その１）及び解答用紙（その２）の該当欄に、試験地、８ケタの受験番号（※特別研修の受講番号ではありません。）及び氏名を必ず記入してください（受験番号や氏名の記入のないものは採点しません。）。

3．試験時間は、２時間です。

4．試験問題は、記述式です。

5．問題の解答は、所定の解答用紙に記入してください。所定の解答用紙以外の用紙に記入した解答は、その部分を無効とします。また、解答用紙の試験地、受験番号及び氏名欄以外の箇所に、特定の氏名等を記入したものも、無効とします。

6．解答用紙への解答の記入は、黒インクの万年筆又は黒インクのボールペン（ただし、インクが消せるものを除きます。）を使用してください。修正する場合は、二重線で消し、訂正してください（修正液は使用不可）。

7．解答に当たっては、参考書、六法全書等の閲覧は一切認めません。

8．鉛筆、消しゴム等の筆記具及び筆箱は鞄等にしまって足下においてください。また、携帯電話及びウェアラブル端末等の通信機器類についても、必ず電源を切って鞄等にしまって足下においてください。

9．解答用紙は書損じ等による追加配付、取替はしません。

10．試験時間中に不正行為があった場合、受験は直ちに中止され、その解答は無効なものとして取り扱われます。

11．試験問題に関する質問には、一切お答えしません。

12．試験問題は、試験時間終了後、持ち帰ることができます。途中で退室する場合には、持ち帰ることができません。

第1問　別紙1、2記載のX及びY法人の「言い分」に基づき、以下の**小問（1）から小問（5）までに答えなさい。**

　　　　なお、解答に当たっては、市の委託業務の面に関して地方自治法上等の取扱いや業務縮小に関し雇用調整助成金等による対応は考慮せず、X及びY法人の「言い分」の限りで解答しなさい。

小問（1）　　本件において、Xの立場に立って、特定社会保険労務士としてXを代理し、本件雇止めによる雇用終了の無効を主張し、Xを申請人、Y法人を被申請人として「個別労働関係紛争の解決の促進に関する法律」に基づき都道府県労働局長にあっせん申請（以下「本件手続」という。）をするとして、当事者間の権利関係を踏まえて記載するとした場合の「求めるあっせんの内容」（訴状の場合に記載する請求の趣旨的なもの）は、どのようになりますか。解答用紙第1欄に記載しなさい。ただし、遅延損害金の請求は除くものとする。

小問（2）　　特定社会保険労務士として、Xを代理して、Xの立場に立って、本件手続を申請し、Y法人のXに対する雇用期間満了による雇止めが無効であると主張する場合、それを根拠づける主張事実の項目を簡潔に5項目以内にまとめて、箇条書き（例えば、「①Xの提出した退職願は真意に基づかないことをY法人は知っていたこと。」等の要領）で、解答用紙第2欄に記載しなさい。

小問（3）　　特定社会保険労務士として、Y法人を代理して、Y法人の立場に立って、本件手続においてXに対する雇用期間満了による雇止めが有効であると主張する場合、それを根拠づける主張事実の項目（Xの主張に対する反論の主張も含む。）を簡潔に5項目以内にまとめて、箇条書き（例えば、「①Xの提出した退職願は自書したもので、提出の経緯からみても真意に基づくも

のであること。」等の要領）で、解答用紙第3欄に記載しなさい。

小問（4）　本件事案について、双方の主張事実や本件事案の内容等を踏まえて、本件雇用期間満了による雇止めの効力について考察し、その法的判断の見通し・内容を、解答用紙第4欄に250字以内で記載しなさい。

小問（5）　本件事案について、Xの代理人である特定社会保険労務士として、本件「あっせん手続」において、Y法人側の主張事実も考慮し、かつ、「法的判断の見通し」を踏まえ、妥当な現実的解決を図るとした場合、どのような内容を考えますか。解答用紙第5欄に250字以内で記載しなさい。

第2問　以下の**小問（1）**及び**小問（2）**に答えなさい。

小問（1）　開業の特定社会保険労務士甲は、A社の代理人として、同社の元従業員Bが個別労働関係紛争の解決の促進に関する法律に基づき都道府県労働局長に申し立てたセクシュアル・ハラスメント被害を理由とする300万円の損害賠償請求のあっせん事件に対応した。あっせんの期日において、甲はA社の代理人として解決金100万円の支払いを提示し、Bは要求を150万円まで引き下げて、互いに歩み寄ったが、結局、解決金の金額が折り合わず、同事件は、合意不成立により打ち切り終了となった。

　その1週間後、甲は、Bから電話で「あっせん期日では、もう少しのところで合意できなかったが、解決金として130万円を支払ってくれるのであれば、合意して紛争を解決したい。」という連絡を受けた。甲は、これを直ちにA社の社長に報告したところ、社長は、甲に対し、「120万円までなら支払う用意があるので、早急にBと交渉して和解の合意を取り付けてほしい。」と依頼した。

甲は、Ａ社の依頼を受任することができるか。（ア）「受任できる」又は（イ）「受任できない」の結論を解答用紙第６欄の結論欄にカタカナの記号で記入し、その理由を250字以内で記載しなさい。

小問（２）　Ｃ社は、退職勧奨により４ヵ月前に退職した元従業員Ｄから、退職強要や在職中のいじめ・嫌がらせを理由として、不法行為に基づき500万円の損害賠償を請求する内容のあっせん手続を県の労働委員会に申し立てられた。

　開業の特定社会保険労務士乙は、長年にわたりＣ社の顧問を務めており、Ｃ社の役員・従業員に知り合いが多かったが、特にＤとは、ＤがＣ社を退職するまでプライベートで親しく交際していた。約３年前、乙は、Ｄから懇請されて300万円を無利息、無担保、期間３ヵ月の約定で貸し付けた。しかし、Ｄは期限を過ぎてもこれを返済せず、乙が繰り返し督促しても、「カネがない」と言いつのるばかりで、少額を返済しただけであった。Ｄに対する貸付金は、現時点でも約250万円の残高が残っており、乙は、自分の資金繰りが苦しいこともあって、一体どうしたらＤから返済してもらえるのか思いあぐねていた。なお、Ｄに対する上記貸付は、Ｃ社の業務とは無関係な私的な貸し借りであり、Ｃ社はこの事実を知らず、かつ、乙は、将来にわたり、この事実をＣ社に開示する意思は一切ない。

　乙は、Ｃ社から、Ｄが申し立てた上記のあっせん事件について、Ｃ社の代理人として対応するよう依頼された。

　乙は、Ｃ社の依頼を受任することができるか。（ア）「受任できる」又は（イ）「受任できない」の結論を解答用紙第７欄の結論欄にカタカナの記号で記入し、その理由を250字以内で記載しなさい。

〔Xの言い分〕

1. 私は、A市の出身で東京のK大学の文学部を卒業した後、中堅商社の
   W商事に入社しました。その後職場の同僚と結婚しましたが、離婚をし、
   子供を連れて実家のあるA市に帰り両親と同居しました。

2. 平成28（2016）年7月頃、A市の市民広報を見て、Y公益財団法人が
   市から委託を受けているA市役所本庁舎の受付案内の「嘱託職員募集」
   の案内を見ました。ちょうど仕事を探している時で実家からも近く子育
   て中なので適職と思い、早速所定の書類等を送付し応募しました。その
   時の募集案内の内容は別添資料1のとおりで、契約期間1年の雇用で日
   給制の職員です。

3. そして、Y法人の総務部長さんと総務課長さんの採用選考の面接を受
   けました。そこで職務経験、応募の動機、職務技能その他の事項を聞かれ、
   一方A市の受付案内業務の内容や雇用条件について説明を受けました。
   他にも応募者がいるとのことでしたが、その後採用通知を受け、数日後
   労働条件の通知等に関し総務課長さんとの面談がありました。その際に
   総務課長さんから雇用条件については、別添資料2の「労働条件通知書」
   のとおりの説明を受けました。そのとき募集案内にはなかった更新4回
   をもって雇用は終了し、以降の雇用更新はしないとの記載が「契約期間」
   と「退職に関する事項」の欄にありましたので、私は、適職なのででき
   ればずっと子供が成長するまでここで勤務できればと思っていましたの
   でその意味を尋ねました。課長さんは、Y法人の業務は中核的な業務と
   しては、指定管理者という公の施設の管理を設置団体に代わって管理運
   営する業務であり、その他に今回募集した市役所の受付案内業務のよう
   な業務委託を受けて行う業務とY法人独自の業務というように大きく分
   けて3種類の業務があること。そして、指定管理者の業務には選任期間
   があり普通は最大で5年であり、期間満了毎に公募入札により次の管理

者の選任を決定するので、そこで指定管理者業務で働いてもらう人を募
集するにあたっては最長５年しか働くことを保障することはできないの
で、１年の雇用期間とし最長でも４回の更新で５年の雇用期間をもって
終了する制度としていること。Ｘさんに働いてもらう業務は市の委託業
務で市とは単年度契約となっており、それ以上の保障が法的にないこと
は、指定管理者の業務と同じなので、１年の雇用期間として更新しても
最大５年間とする指定管理者業務に合わせている。それが４回の更新を
もって雇用は終了するとしている意味であるということでした。ただ、
市からの委託業務は単年度契約という以上の制限はないので、Ｘさんの
場合も多分業務の受託が継続される限りは、仕事をお願いすることにな
るのではないかと言われました。そこで、私の場合はこの契約書の更新
４回で雇用終了との記載は形式的なもので適用されず、業務が継続する
限り雇用されるものと理解しました。そして「労働条件通知書兼嘱託職
員雇用契約書」（別添資料２）に署名捺印しました。

　賃金は、最初の契約では１日8,600円で、交通費は定額で１日200円で
した。

4．平成28（2016）年10月１日から勤務を始めました。試用期間は３ヵ月
　でしたが、私は職務経験があるので、交替勤務のローテーションに入
　り、業務を教わりながら通常勤務しました。仕事の内容は、Ａ市役所の
　玄関ホールの「受付案内」のカウンターの中で、来庁者から訪問先の部
　課や用務の内容などを聞いて訪問先の窓口を教えて案内したり、用務先
　がはっきりしないときは市役所の相談室の方に連絡して案内対応をする
　というものです。

5．その後の嘱託職員雇用契約の更新の状況は、毎年10月１日付で別添資
　料２と同じような１年間の雇用契約書をもって更新を行ってきました。
　更新にあたっては、総務部長さん又は総務課長さんと面談をしますが、
　昼休み時間に30分間位の面談で、面談の内容は次期の更新契約の確認と
　仕事のこと、来庁者の様子、育児や家庭のこと、業務で困ったことや業

務等の希望のことなどです。

6．平成29（2017）年、1回目の更新のときは総務課長さんとの面談でした。その中で、課長さんからは就労してから1年間の仕事の状況など聞かれました。その際、私は課長さんに、採用時に聞いていた更新の説明の内容についてもう一度確認をしました。課長さんは、採用時と同様に市役所の受付案内業務は指定管理者の業務ではなく、1年契約の委託業務であるが、以前からY法人が継続して受託しており、現在ではY法人の一部署のようになっていること、市の委託契約が続く限り仕事を続けてもらってもよいと思うと言いました。またその時に私の仕事の内容について、市役所の方から受付案内が親切で評判が良く、さすが東京のW商事で勤務していただけのことがあると噂されていると言われたことを覚えています。契約条件については原則として毎回給与がアップするとのことで、その時には日給200円アップの確認でした。更新4回をもって雇用終了という点も一応他の条件と同じように簡単に読み上げられたと思いますが、これは課長さんの説明のように更新されるもので形式的な契約の様式であると考えて、別添資料2とほぼ同じ内容の契約書に署名捺印しました。

7．平成30（2018）年の2回目の更新については、総務部長さんとの面談でした。業務のこと、健康や生活状況のこと等を聞かれ、基本給が日給で200円アップしたこと、通勤手当が1日200円から1ヵ月定額で5,000円にアップしたことなどの確認がありました。その際4回目の更新をもって雇用終了という記載の従前と同じ契約書の文言も読み上げられ、最後に契約書全体に関し「この内容で更新しますがいいですね。」と言われました。私は更新の件については総務課長さんに確認していましたので4回の更新で終了の件は形式的なものと思っていましたので「いいです。」と答えそのまま署名捺印しました。

8．令和元（2019）年の3回目の更新の時は総務課長さんとの面接でした

が、課長さんは他用があるということで簡単に賃金の日給200円アップの確認や業務上の問題などを尋ねられた程度で面接を終わり、前年同様に署名捺印しました。私としては、４回の更新で本当に終了するというのであればその時期になったときには明白に今回の更新をもって終了するのだということを言ってくれるものと思っていましたし、重大な雇用終了のことですからそれが通常だと思い、今後の更新のことは重ねては聞きませんでした。

9．令和２（2020）年10月１日付の４回目の契約更新にあたっては、この時は総務部長さんとの面接でした。

　　この時の更新でも、賃金が200円アップし、１日9,400円になったことと、「休暇欄」に「年次休暇は契約期間中に５日間以上取得すること。」という記載が加わりました。私はそれ以上年休を取得していましたので特に気にしませんでした。そして、後述のとおり新型コロナ感染症の影響で勤務体制が変わっており、二交代制から一勤務体制となり、始・終業時刻も変更していることや最近のコロナの影響などが話題となりました。そして、従来どおり更新４回目をもって雇用は終了するとの記載が印刷された文言としてありましたが、特に部長さんからは今回の更新で雇用期間が終了し雇止めとなるといった確定的なことは何も言われませんでしたので、従前どおり署名捺印しました。

10．A市役所の受付案内業務の勤務体制は令和２（2020）年５月より変更になりました。それは、同年４月頃より当県内においても新型コロナウイルス感染者が増え、市役所も出勤自粛で自宅勤務者が多くなり、来庁者も少なくなってしまったからです。受付案内業務も従来の正職員２名と嘱託職員２名の１日２班制から同年５月より午前８時から午後５時の一勤務制となりました。また嘱託雇用の１名の方は４月末に退職し、正職員の方２名と私の３名となり、毎日２名の一勤務制で、非番の１名は交代で休むことにして、週３日ないし４日勤務となりました。しかし、日給制ですが通常日は休んでも賃金は支払われました。

そして、同年8月1日からは、正職員1名の方は本部業務に戻り、その後は正職員と私の2名体制で業務を行っています。

11.　総務部長さんから、本年7月はじめ頃事務所に呼ばれて話をされました。その内容は、今年に入っても新型コロナウイルスの感染拡大で受託業務も大幅に減っており、市の受付案内も来庁者が少なくなって、受付案内は1名体制でも十分な業務の実態となっている。したがって、1名は余剰人員となっている状況であるとも言われました。そして、契約どおり9月30日で4回目の契約期間が満了となるので、それ以上の更新はありません。それまでに退職後の仕事のことや雇用保険や健康保険の取扱いなどのことも考えておいてほしいと言われました。私は、受付案内の業務の状況は1人では無理なので私の契約更新をお願いしましたが、業務上必要であれば、本部の正職員を戻すからその必要はないと言われました。

12.　しかし、私の従事業務は、Y法人の中核的な指定管理者の業務とは違いA市役所からの業務委託による業務なので、仕事が継続する限り更新されるようなことを採用時の説明の時や、1回目の更新のときに総務課長さんに確認していることを述べ、Y法人の出先部署のような継続する職場になっているとも聞いていたので、私としては更新が続くものと思っていたと述べました。しかし部長さんはそのようなことははっきりしたことではなく、総務課長はXさんを励ますために言ったのではないか。指定管理者の業務も受託業務も現場業務は嘱託職員として最長でも4回目の更新で終了することは就業規則上の定めでもあり、両者の区別がないことは総務課長も知っており、そのようなことは言うはずがないと言われました。そして、私の場合も明確に契約書面で4回の更新をもって終了することを明記し、毎回の更新でも確認しているので、はっきりとした契約内容となっていると言われました。

　また、総務部長さんは、現状では1名で十分受付案内業務はできるので、1名は余剰となっていると言っていますが、ワクチン接種者も増え

市役所への来庁者も増えてきており、市役所も通常の９時始業となっていますので、受付案内は８時始業の市民の窓口でもありますから２名体制の維持は必要と思います。

13.　部長さんは、指定管理者の業務ではなく委託業務だからといって、同じ嘱託職員契約なので発注先がどこかによって人事上別扱いはできない。また、受付業務は余剰人員になっているのだから、継続更新をする必要性は認められないので、雇用契約上の更新基準にある「業務の有無、業務の見通し」からみても更新基準には該当しない。そこで、契約期間満了で雇用は終了すると言われました。

14.　しかし、このような、Ｙ法人の突然の雇用打切りの通告は、４回をこえて更新すると法律上の無期雇用への転換権が私に発生しますので、これを免れようとする脱法的行為ではないかとも思います。したがって、この点からも今回の雇止めは不当と思います。

15.　私は、雇用の継続は当然と思っていましたので、いずれにしてもＹ法人の雇止めによる解雇は無効と思います。そして、10月１日以降は、少なくとも基本給として、本来は日給200円アップしているのですが、その前の９月分の基本給188,000円（9,400円×20日分＝188,000円）程度の請求は今後の賃金分として当然できると思いますので、解雇無効と併せて、Ｙ法人が雇用継続に応じない以上労働局への「あっせん」の申立てをお願いします。

以上

別添資料1

A市役所受付案内業務嘱託職員募集

○募集人員　　　　　１名（欠員補充）
○募集職員　　　　　嘱託職員
○業務内容　　　　　市役所本庁舎内受付案内業務
○雇用の種類　　　　１年間の期間雇用。ただし、更新することがある。
○就業の場所　　　　市役所本庁舎１階受付案内カウンター
○勤務時間　　　　　早番午前７時30分〜午後４時30分
　　　　　　　　　　遅番午前10時〜午後７時
○休憩時間　　　　　交代で１時間、他に20分の休息時間
○休日　　　　　　　土曜日、日曜日、祝日、市民休日、年末年始
○休暇　　　　　　　法定どおり
○賃金　　　　　　　日給8,600円（交通費１日200円）
○社会保険　　　　　法定の社会保険に加入
○応募申込手続　　　（略）

【雇用しようとする法人】
Ｙ公益財団法人
（担当　総務課人事２係　山田）

別添資料２

平成２８年１０月１日

労働条件通知書兼嘱託職員雇用契約書

<u>　　X　　殿</u>

契約期間	①期間の定めあり（平成２８年１０月１日〜平成２９年９月３０日） ②更新する場合の基準　４回以内とし、業務の有無、業務の見通し、勤務状況、 　　　　　　　　　　　　　勤務態度等による ③更新の限度　更新４回をもって雇用終了
試用期間	３ヵ月
就業の場所	A市役所本庁舎
業務の内容	受付案内等
始業・終業の時刻、休憩時間、就業時転換、所定時間外の労働の有無に関する事項	1　始業・終業の時刻等 　　早番　始業午前７時３０分〜終業午後４時３０分 　　遅番　始業午前１０時〜終業午後７時 　　ただし、土曜日一部出勤の場合がある 2　休憩時間（６０分）、休息時間２０分 3　所定時間外労働の有無（有）
休　日	定例日：毎週土・日曜日、国民の祝日、その他（年末年始等Y法人が指定した日） ○詳細は、嘱託職員就業規則による
休　暇	年次有給休暇　６ヵ月継続勤務した場合に１０日（法定どおり） 　　　　　　　継続勤務６ヵ月以内の年次有給休暇（無）
賃　金	1　基本賃金　基本給日給８，６００円 　　　　　　　通勤手当　１日２００円 2　法定時間超、休日又は深夜労働に対して支払われる割増賃金率 　イ　法定時間超　（２５）％ 　ロ　休日　法定休日（３５）％、法定外休日（２５）％ 3　賃金締切日（毎月末日）　4　賃金支払日（翌月２０日） 5　賃金の支払方法（口座振込による） ○詳細は、嘱託職員就業規則による
退職に関する事項	・雇用期間が終了し次期の更新のない場合 ・更新４回をもって雇用は終了し、以降の更新はしない
その他	・社会保険の加入状況（有） ・雇用保険の適用（有） ・その他（　　　　　　　　　　　　　　　　　　　　　　　　　）

※以上のほか、Y法人の嘱託職員就業規則による。

署名欄　上記の労働条件を確認の上、当事者双方が以下に署名押印する。

　　　従業員　　○県△市○○町○番地　　　　X　　　　印

　　　事業主　　○県△市○○町○番地　　　Y公益財団法人理事長　　○○○○印

〔Y法人の言い分〕

1．私は、Y公益財団法人の総務部長をしています。

当法人は、A市を中心とする出資により建設した「A市郷土文化の館」の管理運営のために設立された公益法人で、同館に事務所を置き、同施設の指定管理者となっています。

その後、当法人は、A市を中心に県などの施設、会館、体育館などの公共施設の指定管理者として選任され、これらの施設の管理、運営等を行っていますし、市等からの委託契約による業務も実施しています。

2．今回紛争になっているXさんのA市役所の受付案内業務は、外国人専用窓口業務その他の受託業務と一括してA市より当法人に委託され、予算上の単年度仕様の範囲内で当法人自らが各受託業務の従事人数、具体的業務方法等を決定したうえ業務を行っております。

3．Xさんを嘱託職員として1年間の期間雇用契約で採用した事情は、嘱託職員の本件業務従事者が平成28（2016）年9月末日で退職のための欠員補充として募集したものです。採用決定時の労働条件通知の説明の面談において、総務課長より「労働条件通知書兼嘱託職員雇用契約書」をもって労働条件について説明し、契約書どおり更新基準や更新4回をもって雇用が終了することをはっきりと説明し、Xさんも合意の上で雇用契約書に署名捺印しています。Xさんは、この時総務課長に更新4回で雇用終了の意味を聞いたところ、総務課長は当法人の中核的業務の指定管理者の業務は最長5年という制限があるが、Xさんを採用した市の受付業務は市との委託契約による単年度の契約であるがそれ以上の制限はないので、業務が継続する限り更新することになるのではないかとの趣旨のことを言ったとのことですが、そのようなことは考えられません。当法人の人事管理としては指定管理者業務が中核であり、委託業務も法的には多くの場合は単年度の委託業務で、次年度契約の保障がない点は

同じなので、区別なく同じ嘱託職員として1年の期間雇用契約として最大4回の更新で終了するという契約として雇用しています。

4．この点については、別添資料のとおり嘱託職員就業規則で定めております。就業規則では、嘱託職員は、「指定管理者業務等の業務に従事する者」としていますが、「等」の中に委託契約に基づく業務従事者である嘱託職員も含めて同一に解釈運用してきています。

5．また、このような不更新条項の契約について、Xさんとの間で紛争になってから、このように有期契約を更新して5年の雇用期間で雇用を終了させるのは、法律に定められた無期雇用転換制度の適用を免れるための脱法行為だとXさんは言っていますが、指定管理者制度が通常は5年を最長とする制度であり、それ以上の業務継続の保障はありませんので、それと同じように委託業務の場合も次の委託契約の保障がないことは同じですから、雇用契約期間については前述しましたように同一期間とし両業務で不公平にならないように管理しております。したがって脱法行為などではなく、このような取扱いは、受託業務に関する一定期間の雇用確保と業務の運営の確実性のためには必要な制度なのです。

6．Xさんの採用後の契約更新の状況については、毎年10月1日付の更新にあたっては、その前に必ず本人と面談し、更新労働条件の説明や当人の希望のほか、仕事の状況、健康状態、生活関係その他本人の状態を聞き、また本人の仕事振りについて評価し、誉めたり励ましたりしてコミュニケーションをとっています。

7．Xさんは、1回目の更新の説明の際に、面談した総務課長に対し、採用時の面接の際に言われた今後の更新のことについて確認したとして、課長から指定管理者の業務と市の委託業務との違いについて、両者は別な取扱いで、市の委託業務は単年度の委託契約ということ以外に制限はないので、市からの受付案内業務を受託する限り、仕事を続けてもらっ

てもよいと言われたとか、毎年契約が更新されており、市の受付案内業務は当法人の一部署のようになっているとか言われたと述べて、更新継続の期待があったと言っています。しかし、前述のとおり総務課長がそのようなことを言ったとは思えませんが、もし言ったとすればこのようなことは何も根拠のあるものではなく、課長は本人を激励する観点から言ったのではないでしょうか。当法人では現業業務は受託業務も指定管理者の業務と一体管理ですから、課長がそんなことを言うはずがありません。

　また3回目、4回目の更新は、私が面談していろいろと話をしておりますが、そのようなことはXさんから言われたことはなく、雇用終了問題が発生してからこのように述べており、本当かどうか疑われます。

8．前述のとおり4回目の契約で雇用が終了するというのは、採用にあたってXさんに申し上げていましたし、契約書にも明記されています。そして、今まで嘱託職員の方は、このことは皆さん承知しており、委託業務の嘱託職員で市の建設関係の施設業務の関係で、こちらから延長をお願いして5年を超えて契約を更新したケースなど特別な例外の場合などを除いては、一般に問題なく5年の契約終了で円満に退職されています。また、4回目の更新のときのことについて、Xさんは最終の更新となるのならばそのことをはっきりと言ってくれたはずであると言いますが、4回の更新による雇用終了のことは毎回更新時に申し上げており、更新時にわざわざ強く念を押すように言わなくてもXさんも承知していると思ったからです。

9．今年（令和3年）7月頃、Xさんに念のために9月末日で雇用が終了することを申し上げましたのは、コロナ禍の中で9月末日で雇用が終了になりますので、子供の養育などのこともありますので、早めに告げておいた方がよいと思ったためです。

10．なお、Xさんは市の受付案内の業務について、市役所は従前どおりの

業務状況に回復してきていると言っていますが、新型コロナウイルス感染症がなおまん延中であり、デルタ株での感染も広がっており、市役所の業務も相変わらず出勤自粛や自宅勤務体制が続いております。市役所としては、市民の皆様に不便をできるだけかけないようにと市役所の始・終業時刻は通常に戻しています。しかし、来庁者が増えている様子はありません。そこで、受付案内の業務を従前に戻す予定もなく、むしろ２名でも業務は閑散で、Ｘさんの雇用終了後は正職員１名の体制で十分だと考えており、はっきりと余剰人員になっております。

　契約の更新については、就業規則及び雇用契約書の更新基準の中で「業務の有無」、「業務の見通し」と定めており、前述のような業務の減少状況では業務の見通しがなく、業務の必要性がありませんので更新するわけにはいきません。

11.　また、Ｘさんからは、他の部署で再雇用すべきではないかと主張されるかもしれませんが、新型コロナウイルス感染症による営業上の打撃は、当法人本体の管理施設である「郷土文化の館」の方が大きく、同施設ではアルバイトを含め雇用人数を大幅に縮小しており、会館やその他の施設等でもＸさんを再雇用するといった受入れの余地は全くありません。

12.　したがって、当法人としては、Ｘさんに対し８月末に９月30日をもって更新終了の通知をして、雇用期間満了に伴う退職の手続きをしました。

　なお、今後業務の状況が回復した場合には、嘱託職員の募集を行うことになりますので、Ｘさんが応募されるなら採用を検討することにやぶさかではありません。

以上

別添資料

嘱託職員就業規則（抜粋）

第2条（定義）
　嘱託職員は、指定管理者業務等の業務に従事する者で雇用期間を定めて雇用した者をいう。

第21条（雇用期間）
　嘱託職員の雇用期間は、1年とする。ただし、業務の有無、業務の見通し、勤務状況、勤務態度その他を勘案して更新することがある。

第22条（更新限度期間）
　前条で更新する場合も、原則として最大更新4回をもって雇用終了とし、5年目以降の更新は行わない。

〈あっせん事例〉模範解答例と解説

Ⅰ　模範解答例及び出題の趣旨と配点

第1問

小問　（1）

模範解答例

①Ｘが、Ｙ法人に対し、労働契約上の権利を有する地位にあることを確認する。

②Ｙ法人は、Ｘに対し、令和3年11月から毎月20日限り、金188,000円を支払え。

出題の趣旨と配点

　Ｘの立場に立って、特定社会保険労務士としてＸを代理し、雇用期間の終了による雇止めの無効を主張し、Ｘを申請人、Ｙ法人を被申請人として「個別労働関係紛争の解決の促進に関する法律」に基づき都道府県労働局長にあっせん申請（以下「本件手続」という。）をするとして、当事者間の権利関係を踏まえて記載するとした場合の「求めるあっせんの内容」の記載を問う出題である。

　解答にあたっては、本問が雇止め無効を理由とする「労働契約上の地位」の確認という法的構成による請求を求めているので、「求めるあっせんの内容」は、訴状の「請求の趣旨」のように、地位確認請求の記載と、それに基づく賃金請求の記載を求めるものである。（10点）

コメント

　本問は、これまで相当数出題された「雇止め」に関する出題であり、訴状の「請求の趣旨」は定型のパターンを記せばよいでしょう。特に②については、誰が誰に対し、いつから、いくらの支払いを請求するか、賃金の定めにつき問題文から抽出して記載すればよいでしょう。9月末の雇止めであることから、10月分給料は支給されるため、11月20日に支給される分

からの請求となることに注意してください。

なお、金額については、毎年昇給されている分を加えて請求することもできます。

小問（2）

模範解答例

①採用時の面談において、Y法人の総務課長から、4回の更新をもって雇用は終了するという意味だが、多分業務の受託が継続される限りは仕事をお願いすることになるのではないかと言われたこと。

②1回目の更新の際、Xの仕事の内容について、市役所の方から受付案内が親切で評判がよく、さすが東京のW商事で勤務していただけのことがあると噂されていると総務課長から言われたこと。

③受付案内業務は、1名で十分できると、Y法人は1名が余剰と言っているが、ワクチン接種者などの来庁者が増え、受付案内の二人体制は不可欠であり、業務上必要であれば正職員を戻すとするのは、嘱託職員を雇止めする理由にならないこと。

④Y法人の突然の雇用打ち切りの通告は、4回目の契約更新の際、特に部長からは今回の更新で雇用契約が終了し、雇止めになるといった確定的なことは何も言われなかったこと。

⑤4回を超えて更新すると法律上無期雇用への転換権が発生するため、これを逃れようとする脱法行為であること。

出題の趣旨と配点

特定社会保険労務士として、Xを代理して、Xの立場に立って、本件手続を申請し、Y法人のXに対する雇用期間満了による雇止めが無効であると主張する場合、それを根拠づける主張事実の項目を簡潔に5項目以内にまとめて、箇条書きで記載することを求める出題である。

解答にあたっては、本問は更新限度期間を定めた労働契約の問題であるから、Xの代理人としては当該契約の不成立、雇用契約期間の継続更新の期待のあること、本件更新限度契約は無期転換の阻止目的の脱法的なもの

であること等雇止めが客観的合理性と社会通念上の相当性に欠けることになるとの事実の簡潔な摘示による主張の記載を求めるものである。（20点）

コメント

　設問中のXの言い分から、抜粋する形で主張事実の項目を構成しましょう。「5項目以内にまとめて」の出題のニュアンスは、可能な限り5項目を指摘するのがベターでしょう。

【無期転換ルール】

　有期労働契約が反復更新されて通算5年を超えたときに、労働者の申し込みによって企業などの使用者が無期労働契約に転換しなければならないルール（無期転換ルール）がある。

　こうした「無期転換ルール」を定めた改正労働契約法が平成25年4月1日に施行され、平成30年4月には通算5年を迎えたことから、問題が表面化するようになっている。

参考　労働契約法

（有期労働契約の期間の定めのない労働契約への転換）

第18条　同一の使用者との間で締結された二以上の有期労働契約（契約期間の始期の到来前のものを除く。以下この条において同じ。）の契約期間を通算した期間（次項において「通算契約期間」という。）が五年を超える労働者が、当該使用者に対し、現に締結している有期労働契約の契約期間が満了する日までの間に、当該満了する日の翌日から労務が提供される期間の定めのない労働契約の締結の申込みをしたときは、使用者は当該申込みを承諾したものとみなす。この場合において、当該申込みに係る期間の定めのない労働契約の内容である労働条件は、現に締結している有期労働契約の内容である労働条件（契約期間を除く。）と同一の労働条件（当該労働条件（契約期間を除く。）について別段の定めがある部分を除く。）とする。

模範解答例

①採用時の面談において、総務課長より、「労働条件通知書兼嘱託職員雇用契約書」をもって労働条件について説明し、契約書どおり更新基準や更新4回をもって雇用が終了することをはっきりと説明し、Xさんも合意の上で雇用契約書に署名捺印していること。

②Y法人「嘱託職員就業規則」第21条、第22条において、嘱託職員の契約期間が1年間であり、最大更新4回をもって雇用終了とし、5年目以降の更新は行わないとしていること。

③Y法人の総務部長は、3回目と4回目の契約更新時の面談をしているが、Xさんから更新継続の期待について言われたことはなく、雇用終了問題が発生してからそうした期待があったと言われていること。

④有期契約を更新して5年の雇用期間で雇用を終了させるのは、法律に定められた無期雇用転換ルールの適用を免れるための脱法行為だとXさんは言っているが、指定管理者制度が通常は5年を最長とする制度であり、それ以上の業務継続の保障はないので、それと同じように委託業務の場合も次の委託契約の保障がないことは同じであることから、雇用契約期間について同一期間とし両業務で不公平にならないように管理しているため、脱法行為などではなく、このような取扱いは、受託業務に関する一定期間の雇用確保と業務の運営の確実性のためには必要な制度であること。

⑤コロナ禍で来庁者が増えている様子はなく、2名でも業務は閑散で、Xさんの雇用終了後は正職員1名の体制で十分だと考えていること。

出題の趣旨と配点

　特定社会保険労務士として、Y法人を代理して、Y法人の立場に立って、本件手続においてXに対する雇用期間満了に伴う雇止めが有効であると主張する場合、それを根拠づける主張事実の項目（Xの主張に対する反論も含む。）を簡潔に5項目以内にまとめて記載することを求める出題である。

　解答にあたっては、Y法人の主張としては、本件更新限度期間を定めた

期間雇用契約の有効性、Xに契約の更新継続の期待のないこと、期間満了雇止めの正当性、本契約が無期転換阻止目的の脱法的なものではないこと等を簡潔に事実を摘示して記載を求めるものである。(20点)

コメント

　小問（2）と同様なポイントを、逆の立場から主張すればよいということになります。また、設問中のY法人の言い分から、抜粋する形で主張事実の項目を構成しましょう。

小問 （4）

模範解答例

　Xの立場では、課長との面談にて勤務態度を褒められ、市の委託契約が続く限り、仕事を続けてもらってよいと言われたことから、5年以降の契約更新に期待するのは無理からぬことである。しかし、雇用契約書にも、就業規則にも、契約は4回までと明記されており、その理由は業務受託と指定管理者制度によるものであるため、合理性がある。そのうえで、Xは毎年その内容で署名捺印のうえ、契約更新している。また、コロナ禍により業務も縮小されているため、人員の余剰は否めない事実である。よって、雇止めを前提として和解を考えたい。　　　　　　　　　　　　　　　（248字）

出題の趣旨と配点

　本件事案について、双方の主張事実や本件事案の内容等を踏まえて本件雇用期間満了による雇止めの効力について考察し、その法的判断の見通し・内容について250字以内での記載を求める出題である。

　解答にあたっては、一方の主張だけでなくXの主張、Y法人の主張についてそれぞれについて検討し、本件が更新限度期間付の労働契約であること、その理由として業務受託と指定管理者制度によるものであるとのY法人の主張の成否、Xとして契約の更新継続を期待させるY法人の言動等の成否、コロナウイルス感染症のまん延に伴う業務の縮小と整理解雇といった主張の成否に関し、客観的合理性と社会通念上の相当性の判断を問うも

のである。（10点）

コメント

　解答は、労働者・使用者どちらの立場からでも主張してよいのですが、本書では、使用者の立場から、主張しているものです。

小問（5）

模範解答例

　契約更新の回数上限につき、市との契約が続く限り勤務してもいいと話したとする課長の話は証拠がないことのみならず、毎年の契約時ごとに、4回での更新打ち切りが明示された契約書に労働者が署名捺印していることは、Xが雇止めを承知で契約更新をしていたと判断される可能性が極めて高い。加えて、現在はコロナ禍による来庁者の減少により業務が縮小したことから、案内業務を行う部署は従前に比べ過剰人員であるとの判断も妥当する。よって、和解を前提に、労働者の期待権に対する損害を賠償する方向で調整すべきである。

(243字)

出題の趣旨と配点

　本件事案について、Xの代理人である特定社会保険労務士として、本件「あっせん手続」において、小問（4）の「法的判断の見通し・内容」を踏まえ、Y法人側の主張事実も考慮し、妥当な現実的解決を図るとした場合、どのような内容の提案をするかについて250字以内で記載を求める出題である。

　本問の解答にあたっては、小問（4）で考察した法的判断をもとにして和解解決を図るとした場合にどのような提案が、Xとして双方の主張や事実関係からみて具体的妥当な案として提案し説得的交渉を行う提案内容として考えられるかについて記載を求めるものである。（10点）

Ⅱ 論点整理

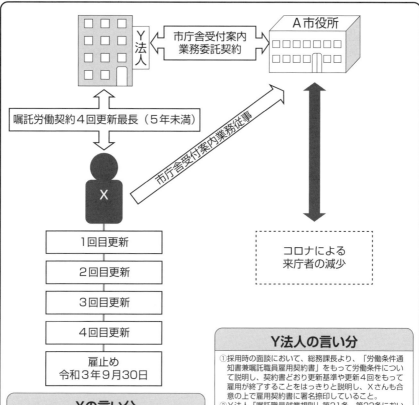

Y法人 ─ 市庁舎受付案内業務委託契約 ─ A市役所

嘱託労働契約4回更新最長（5年未満）

市庁舎受付案内業務従事

X

1回目更新
2回目更新
3回目更新
4回目更新
雇止め
令和3年9月30日

コロナによる
来庁者の減少

Xの言い分

① 採用時の面談において、Y法人の総務課長から、4回の更新をもって雇用は終了するという意味だが、多分業務の受託が継続される限りは仕事をお願いすることになるのではないかと言われたこと。
② 1回目の更新の際私の仕事の内容について、市役所の方から受案内が親切で評判がよく、さすが東京のW商事で勤務していただけのことがあると噂されていると総務課長から言われたこと。
③ 受付案内業務は、1名で十分できると、Y法人は1名が余剰と言っているが、ワクチン接種者などの来庁者が増え、受付案内の二人体制は不可欠であり、業務上必要であれば正職員を戻すとするのは、嘱託職員を雇止めする理由にならないこと。
④ Y法人の突然の雇用打ち切りの通告は、4回目の契約更新の際、特に部長からは今回の更新で雇用契約が終了し、雇止めになるといった確定的なことは何も言われなかったこと。
⑤ 4回をこえて更新すると法律上無期雇用への転換権が発生するため、これを逃れようとする脱法行為であること。

Y法人の言い分

① 採用時の面談において、総務課長より、「労働条件通知書兼嘱託職員雇用契約書」をもって労働条件について説明し、契約書どおり更新基準や更新4回をもって雇用が終了することをはっきりと説明し、Xさんも合意の上で雇用契約書に署名捺印していること。
② Y法人「嘱託職員就業規則」第21条、第22条において、嘱託職員の契約期間が1年間であり、最大更新4回をもって雇用終了とし、5年目以降の更新は行わないとしていること。
③ Y法人の総務部長は、3回目と4回目の契約更新時の面談をしているが、Xさんから更新継続の期待について言われたことはなく、雇用終了問題が発生してからそうした期待があったと言われていること。
④ 有期契約を更新して5年の雇用期間で雇用を終了させるのは、法律に定められた無期雇用転換制度の適用を免れるための脱法行為だとXさんは言っているが、指定管理者制度が通常は5年を最長とする制度であり、それ以上の業務継続の保障はないので、それと同じように委託業務の場合も次の委託契約の保障がないことは同じであることから、雇用契約期間について同一期間と両業務で不公平にならないように管理しているため、脱法行為などではなく、このような取扱いは、受託業務に関する一定期間の雇用確保と業務の運営の確実性のためには必要な制度であること。
⑤ コロナ禍で来庁者が増えている様子はなく、2名でも業務は閑散で、Xさんの雇用終了後は正職員1名の体制で十分だと考えていること。

Ⅲ　解法の手順☞争点の概要を掴む

　本問の争点は、「有期労働契約の雇止め」に関するものである。

　さらに、雇止めの中でも、契約継続への「期待権」、及び、有期労働契約が反復更新されて通算5年を超えたときに、労働者の申込みによって企業などの使用者が無期労働契約に転換しなければならないルールである、「無期転換ルール」の知識が試される。

1　有期労働契約の雇止め

1　「雇止め」とは（概要）

　雇止めとは、雇用契約の期間が決まっている労働者の雇用契約を更新せずに、期間満了で終了することである。

　有期労働契約者の場合、本来は、期間を定めて雇用契約を締結しているため、期間が満了したのであれば雇用契約を終了することができるのが原則。しかし、一定期間雇用を継続したにもかかわらず、突然、契約を更新されないとなれば、労働者は働き口を失うことになり、生活ができなくなる可能性がある。

　そこで、労働者のこうした不測の事態を回避する意味で、一定の条件を満たす場合には、雇止めは無効とされ、有期労働契約をした労働者との雇用契約を終了することができないこととされている。

2　「雇止め」を制約する根拠法文

　雇止めは、**労働契約法第19条**によって制約されている。

参考 労働契約法

　第19条　有期労働契約であって次の各号のいずれかに該当するものの契約期間が満了する日までの間に労働者が当該有期労働契約の更新の申込みをした場合又は当該契約期間の満了後遅滞なく有期労働契

約の締結の申込みをした場合であって、使用者が当該申込みを拒絶することが、客観的に合理的な理由を欠き、社会通念上相当であると認められないときは、使用者は、従前の有期労働契約の内容である労働条件と同一の労働条件で当該申込みを承諾したものとみなす。

一　当該有期労働契約が過去に反復して更新されたことがあるものであって、その契約期間の満了時に当該有期労働契約を更新しないことにより当該有期労働契約を終了させることが、期間の定めのない労働契約を締結している労働者に解雇の意思表示をすることにより当該期間の定めのない労働契約を終了させることと社会通念上同視できると認められること。

二　当該労働者において当該有期労働契約の契約期間の満了時に当該有期労働契約が更新されるものと期待することについて合理的な理由があるものであると認められること。

　つまり労働契約法第19条では、当該労働者が、「① 有期労働契約が反復継続して更新されており、雇止めすることが実質的に解雇と社会通念上同視できること」「② 労働者が更新されるものと期待することについて、合理的な理由があること」の2つのいずれかの条件に当てはまり、かつ、労働者が契約更新の申込みをした場合には、通常の解雇と同等に厳格な条件（客観的合理的な理由、社会通念上の相当性）を課すことを明示しているのである。

（1）①の考慮すべき要素

　①に当てはまるかどうかの考慮すべき要素として、更新をされた回数がある。

　しかし、同一労働同一賃金の観点から、正社員との業務内容や責任に違いがあるか、更新の手続は適切にされているかなどの実体にも着目して判断されるため、単に更新回数が少ないからといってそれだけで①が適用除外されるわけではないことに注意が必要である。

（2）②について

②は、労働契約が更新されることへの期待権からの考慮すべき要素である。実際に、労働者に更新の期待が生じているかどうかは、以下の事情がポイントになるとされる。

ア　更新の回数や雇用の通算期間

その回数や、期間が長いほど労働者の更新の期待は大きくなるとされる。

イ　雇用期間の管理の状況

契約の更新時期に、毎回更新の合意書や契約書を交わしているか否か、更新にあたって面談を実施しているかなどが考慮される。ちなみに、更新の合意書や契約書を交わしておらず、更新の手続自体が形骸化しているような場合には、労働者の更新の期待は大きくなると解されている。

ウ　雇用が臨時的であるか常用的であるか

雇用の目的が臨時的に発生した仕事に従事してもらうためであれば、労働者としても長期間の雇用は期待していないと考えられる。例えば、産休の代替え要員だったりした場合には、産休していた労働者が復帰した後の継続雇用に、期待権が薄いとされる。

他方で、仕事内容が常用的なものである場合には、労働者の雇用継続への期待は比較的大きくなるといえる。

エ　使用者の言動

会社側において、契約を更新することを匂わすようなことを労働者に言っている場合には、労働者の更新の期待は大きくなる。

特に、それが決裁権を持っている役職者の言動となれば、更新の期待はより高まるといえる。

2　無期転換ルール

1　「無期転換ルール」とは（概要）

平成25年4月1日に労働契約法が改正され、労働者が同一の企業との間で有期労働契約が通算5年を超えて更新された場合、労働者からの申込みにより、期間の定めのない労働契約（無期労働契約）に転換されることになった。

　したがって、こうした場合に労働者から無期転換の申込みがあれば、申込み時の有期労働契約の期間が満了した翌日から無期労働契約に転換される。

　労働者からの申込みがあった場合に、企業は拒否することができない点に注意しなければならない。

2　「無期転換ルール」を定める根拠法文

　無期転換ルールに関する定めは、前述のとおり**労働契約法第18条**にある。

3　「無期転換ルール」に関する近時の判例

　「無期転換ルール」に関する近時の判例は、その数が多い。一概に、労働者の主張が認められるものではなく、個別具体的な事案により判断されるものである。特に、労働契約法第19条第2号（期待権）は、最高裁昭和61年12月4日第一小法廷判決・裁判集民事149号209頁（日立メディコ事件）の判例法理を実定法としたものであると解されており、同号の要件に該当するか否かは、当該雇用の臨時性・常用性、更新の回数、雇用の通算期間、契約期間管理の状況、雇用継続の期待をもたせる使用者の言動の有無等の客観的事実を総合考慮して判断すべきであるとされる。

◆公益財団法人グリーントラストうつのみや事件（宇都宮地判　令和2.6.10）

　無期労働契約の締結申込権が発生するまでは、使用者には労働契約を更新しない自由が認められているから、無期労働契約の締結申込権の発生を回避するため更新を拒絶したとしてもそれ自体は格別不合理ではないが、本件労働契約は労契法第19条第2号に該当し、Xの雇用継続に対する期待は合理的な理由に基づくものとして一定の範囲で法的に保護されたものであるから、特段の事情もなく、かかるXの合理的期待を否定することは、客観的にみて合理性を欠き、社会通念上も相当とは認められないとされた事案。

◆高知県公立大学法人事件（高知地判　令和２.３.17、高松高判　令和３.４.２）

第一審判決が、労契法第18条第１項が適用される直前に雇止めをするという法を潜脱するかのような雇止めを是認することができない等と述べ、Xの地位確認請求を認めたのに対し、控訴審判決は、当該法を潜脱するかのような雇止めを是認することができないという趣旨の説示はせず、また、結果として、労契法第18条第１項所定の期間内にXがYに対して無期転換申込権を行使したとは認められないとして、Xの地位確認請求の認容部分を取り消した事案。

◆博報堂事件（福岡地判　令和２.３.17）

Yは、形骸化したというべき契約更新を繰り返してきたものであり、Xの契約更新への期待は相当高く、その期待は合理的な理由に裏付けられたものといえ、Yは、平成25年以降、最長５年ルールの適用を徹底しているが、一定の例外が設けられており、Xの契約更新に対する高い期待が大きく減殺される状況にあったとはいえず、Xが契約更新に期待を抱くような発言等が改めてされていないとしても、Xの期待やその合理性は揺るがないとして、Xの契約更新への期待は労契法第19条第２号で保護されるとされた事案。

◆地方独立行政法人山口県立病院機構事件（山口地判　令和２.２.19）

就業規則が改正され、雇用期間上限が５年とされるとともに、契約書には就業規則の更新上限条項の範囲内で更新される場合があることが明記されているが、それ以前の段階で、Xには既に契約更新の合理的期待が生じており、上記改正をもってその期待が消滅したとはいえず、また、上記改正の具体的説明がされたのは契約書取り交わし後であり、Xが雇用期間上限を認識していたとはいえず、Xの期待が消滅したとはいえないとされた事案。

◆日本通運事件（東京地判　令和2.10.1）

　不更新条項等を含む契約書に署名押印する行為が労働者の自由な意思に基づいてされたものと認めるに足りる合理的な理由が客観的に存在する場合に限り（※山梨県民信用組合事件参照）、労働者により更新に対する合理的な期待の放棄がされたと認めるべきとして、本件では、不更新条項等の契約書に署名押印する行為がＸの自由な意思に基づいてされたものと認めるに足りる合理的理由が客観的に存在するとはいえないとされた事案。

◆日本通運川崎事件（横浜地川崎支判　令和3.3.30）

　Ｘが本件不更新条項等を明示的に付した本件雇用契約の締結の意思を形成するうえで、その自由意思を阻害する状況があったことをうかがわせる事情も認められないこと等から、本件雇用契約の満了時において、Ｘが本件雇用契約による雇用の継続を期待することについて合理的な理由があるとは認められないとして、Ｘの地位確認請求等を棄却した事案。

※山梨県民信用組合事件（最二小判　平成28.2.19）

　使用者が提示した労働条件の変更が賃金や退職金に関するものである場合には、当該変更を受け入れる旨の労働者の行為があるとしても、労働者が使用者に使用されてその指揮命令に服すべき立場に置かれており、自らの意思決定の基礎となる情報を収集する能力にも限界があることに照らせば、当該行為をもって直ちに労働者の同意があったものとみるのは相当でなく、当該変更に対する労働者の同意の有無についての判断は慎重にされるべきである。そうすると、就業規則に定められた賃金や退職金に関する労働条件の変更に対する労働者の同意の有無については、当該変更を受け入れる旨の労働者の行為の有無だけでなく、当該変更により労働者にもたらされる不利益の内容及び程度、労働者により当該行為がされるに至った経緯及びその態様、当該行為に先立つ労働者への情報提供又は説明の内容等に照らして、当該行為が労働者の自由な意思に基づいてされたものと認めるに足りる合理的な理由が客観的に存在するか否かという観点からも、判断されるべきものと解するのが相当である。

第2問

小問　（1）────────────────────

I　模範解答例及び出題の趣旨と配点

模範解答例

「結論」　（イ）（「受任できない」）

「理由」　社会保険労務士法第2条第3項第2号は、特定社労士が「紛争解
　　決手続の開始から終了に至るまでの間に和解の交渉を行うこと」を定め
　　ている。本件の場合は、既に打ち切り終了となった案件であり、「紛争
　　解決手続の開始から終了に至るまでの間」の範囲を超えていることは明
　　らかである。よって、この和解交渉をすることは、非弁護士が法律事務
　　を取り扱うことを禁止した、弁護士法第72条に抵触することから、特定
　　社労士甲は、あっせん事件が終了した手続を、引き続き和解交渉するこ
　　とはできず、当該事件を受任できない。　　　　　　　　　　　　（240字）

出題の趣旨と配点

　開業の特定社会保険労務士甲は、A社の代理人として、同社の元従業員
Bが個別労働関係紛争の解決の促進に関する法律に基づき都道府県労働局
長に申し立てたセクシャル・ハラスメント被害を理由とする300万円の損
害賠償請求のあっせん事件に対応した。あっせんの期日において、甲はA
社の代理人として解決金100万円の支払いを提示し、Bは要求を150万円ま
で引き下げて、互いに歩み寄ったが、結局、解決金の金額が折り合わず、
同事件は、合意不成立により打ち切り終了となった。

　その1週間後、甲は、Bから電話で「あっせん期日では、もう少しのと
ころで合意できなかったが、解決金として130万円を支払ってくれるので
あれば、合意して紛争を解決したい。」という連絡を受けた。甲は、これ
を直ちにA社の社長に報告したところ、社長は、甲に対し、「120万円まで
なら支払う用意があるので、早急にBと交渉して和解の合意を取り付けて

ほしい。」と依頼した。

　このような事実関係の場合に、甲は、Ａ社からの和解交渉の依頼を受任することができるかを問う出題であり、「受任できる」「受任できない」の結論を解答用紙に記号で記載し、その理由を250字以内で理由欄に記載を求めるものである。

　本問は、紛争解決手続代理業務の範囲（限界）を問う問題であり、解答にあたっては、社会保険労務士法第２条第３項が定める紛争解決手続代理業務のうち、和解交渉は同手続の開始から終了に至るまでの業務であり、同手続終了後の和解交渉を含まず、これを行うことは弁護士法第72条が禁ずる非弁護士による法律事務の取扱いとなることの理解を前提に、具体的な事実関係への当てはめを求めるものである。（15点）

Ⅱ　論点整理

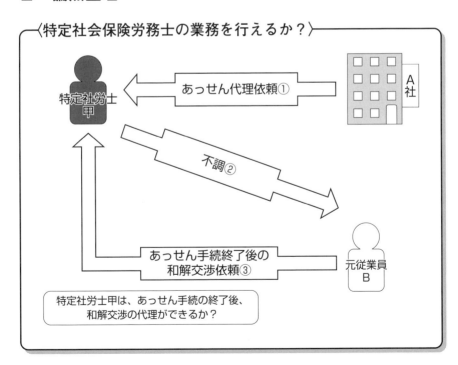

〈特定社会保険労務士の業務を行えるか？〉

あっせん代理依頼①

Ａ社

特定社労士
甲

不調②

あっせん手続終了後の
和解交渉依頼③

元従業員
Ｂ

特定社労士甲は、あっせん手続の終了後、
和解交渉の代理ができるか？

Ⅲ　解法の手順☞争点の概要を掴む

　社労士の倫理問題を解答するにあたっては、問題文中、主として社労士法各条文（社会保険労務士の職責〈第1条の2〉・信用失墜行為の禁止〈第16条〉・秘密を守る義務〈第21条〉・業務を行い得ない事件〈第22条〉）に照らして、出題の場合、何を根拠とするかの方針を立て回答する。

　弁護士法第72条は、弁護士でない者の法律行為を禁じているが、他の法律で定めがある場合は例外として、これを行うことができるとしている。よって、特定社会保険労務士が行いうる和解交渉は、社会保険労務士法の定めによらなければならない。

　本問の場合、あっせん手続の終了後の和解交渉を行うことの是非である。この点につき、社労士法第2条第3項第2号に業務を行える範囲の定めがあり、「紛争解決手続の開始から終了に至るまでの間に和解の交渉を行うこと」から外れる。つまり、たとえ紛争解決手続が終了してから1週間しか経過していないといっても、終了したことに変わりはないため、規定を曲げて、依頼を受けることができないということになる。

参考　弁護士法

（非弁護士の法律事務の取扱い等の禁止）

第72条　弁護士又は弁護士法人でない者は、報酬を得る目的で訴訟事件、非訟事件及び審査請求、再調査の請求、再審査請求等行政庁に対する不服申立事件その他一般の法律事件に関して鑑定、代理、仲裁若しくは和解その他の法律事務を取り扱い、又はこれらの周旋をすることを業とすることができない。ただし、この法律又は他の法律に別段の定めがある場合は、この限りでない。

参考 社会保険労務士法

第2条

（中略）

3　紛争解決手続代理業務には、次に掲げる事務が含まれる。

　一　第一項第一号の四のあつせんの手続及び調停の手続、同項第一号の五のあつせんの手続並びに同項第一号の六の厚生労働大臣が指定する団体が行う民間紛争解決手続（以下この項において「紛争解決手続」という。）について相談に応ずること。

　二　紛争解決手続の開始から終了に至るまでの間に和解の交渉を行うこと。

　三　紛争解決手続により成立した和解における合意を内容とする契約を締結すること。

小問（2）

Ⅰ　模範解答例及び出題の趣旨と配点

模範解答例

「結論」　（イ）（「受任できない」）

「理由」　C社が乙に依頼している業務は、社労士法第22条各号の、特定社労士の業務を行い得ない事件に抵触しない。ただし、乙は、プライベートとはいえ、乙がDに多額の金銭を貸し、未だ回収できない事実をC社に秘匿しており、今後も事情を開示する意思がない。そうした状況で、乙がC社の代理を受けた場合、自身の債権回収を図るべく、C社に対しDの損害賠償を多く認めさせるような解決方針を取る可能性がある。そうするとC社の乙への信頼を害すると共に、社労士の信用及び品位を害し公正中立を欠くことから、本件を受任できない。　　　　　　（245字）

C社は、退職勧奨により4ヵ月前に退職した元従業員Dから、退職強要や在職中のいじめ・嫌がらせを理由として、不法行為に基づき500万円の損害賠償を請求する内容のあっせん手続を県の労働委員会に申し立てられた。

開業の特定社会保険労務士乙は、長年にわたりC社の顧問を務めており、C社の役員・従業員に知り合いが多かったが、特にDとは、DがC社を退職するまでプライベートで親しく交際していた。約3年前、乙は、Dから懇請されて300万円を無利息、無担保、期間3ヵ月の約定で貸し付けた。しかし、Dは期限を過ぎてもこれを返済せず、乙が繰り返し督促しても、「カネがない」と言いつのるばかりで、少額を返済しただけであった。Dに対する貸付金は、現時点でも約250万円の残高が残っており、乙は、自分の資金繰りが苦しいこともあって、一体どうしたらDから返済してもらえるのか思いあぐねていた。なお、Dに対する上記貸付は、C社の業務とは無関係な私的な貸し借りであり、C社はこの事実を知らず、かつ、乙は、将来にわたり、この事実をC社に開示する意思は一切ない。

乙は、C社から、Dが申し立てた上記のあっせん事件について、C社の代理人として対応するよう依頼された。

このような事実関係の場合に、乙は、C社からの依頼を受任することができるかを問う出題であり、「受任できる」「受任できない」の結論を解答用紙に記号で記入し、その理由を250字以内で理由欄に記載を求めるものである。

本問は、依頼者の利益と自己の経済的利益とが実質的に相反する場合における特定社会保険労務士の倫理を問う問題であり、解答にあたっては、具体的な事実関係に照らし、依頼者の利益と乙自身の個人的な利益とが実質的に相反する関係にあることを摘示したうえで、それが社会保険労務士法第22条の列挙する業務を行い得ない事件類型には該当しないことを踏まえつつ、社会保険労務士としての信用、品位及び依頼者に対する信義誠実の観点から、なお受任できない事件となるかどうかについて考察を求めるものである。（15点）

Ⅱ　論点整理

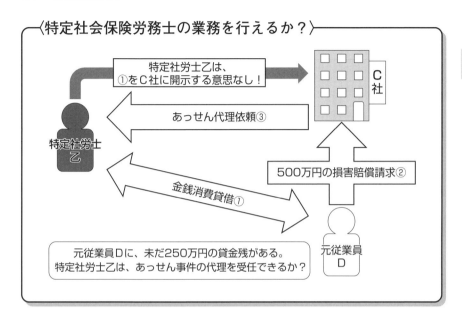

〈特定社会保険労務士の業務を行えるか？〉

特定社労士乙は、
①をC社に開示する意思なし！

C社

特定社労士
乙

あっせん代理依頼③

500万円の損害賠償請求②

金銭消費貸借①

元従業員
D

元従業員Dに、未だ250万円の貸金残がある。
特定社労士乙は、あっせん事件の代理を受任できるか？

Ⅲ　解法の手順☞争点の概要を掴む

　社労士の倫理問題を解答するにあたっては、まず、社会保険労務士法第
1条の2（社会保険労務士の職責）、第16条（信用失墜行為の禁止）、第21
条（秘密を守る義務）、第22条（業務を行い得ない事件）といった、社労
士法の各条文に照らして、これから解答しようとする出題において、何を
根拠として考えるのかの方針を立てることから始める。

　本問の場合、社労士法第22条の「業務を行い得ない事件」には当たらな
い。そうすると、残り、「社会保険労務士の職責」、「信用失墜行為の禁止」、
「秘密を守る義務」の中から、理論立てて解答することになる。

　社会保険労務士の職責として、社労士法は、「第1条の2　社会保険労
務士は、常に品位を保持し、業務に関する法令及び実務に精通して、公正
な立場で、誠実にその業務を行わなければならない。」と定めている。

　本件の場合、乙が未だ250万円もの金を貸しているDを相手に、あっせ

ん事件を行おうとしている顧問先Ｃ社の代理につき、乙が公正な立場でできるのかの観点で解法を導くものである。この場合、Ｃ社からより多くの損害賠償がされれば、特定社労士乙が金を貸した相手Ｄの懐に金がわたり、自身の借金返済に充ててくれるのではないかとの期待がされても不思議ではない。

　よって、特定社労士乙が本件のあっせん代理を受任した場合、社会通念上、公正な立場を貫くことは難しく、むしろ自身の利益のために、依頼人であるＣ社の利益を損ねる可能性が高いため、本件を受任すべきではないとの結論に帰結する。

第17回　紛争解決手続代理業務試験　解答用紙

＊拡大コピーしてご使用ください。

第１欄〔第１問・小問(1)〕

第２欄〔第１問・小問(2)〕

第３欄〔第１問・小問(3)〕

第4欄〔第1問・小問(4)〕

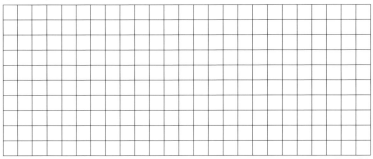

(250字)

第5欄〔第1問・小問(5)〕

(250字)

第6欄〔第2問・小問(1)〕
結論

第6欄〔第2問・小問(1)〕
理由

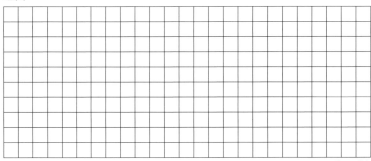

(250字)

第 7 欄〔第 2 問・小問(2)〕
結論

第 7 欄〔第 2 問・小問(2)〕
理由

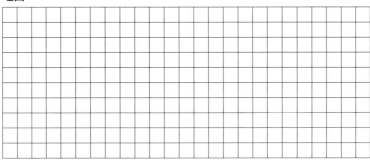

（250字）

紛争解決手続代理業務試験問題
（令和 4 年11月26日実施）

第18回　紛争解決手続代理業務試験問題

（注　意）

1．係員の指示があるまで、この問題用紙を開かないでください。

2．別に配付した解答用紙（その１）及び解答用紙（その２）の該当欄に、試験地、８ケタの受験番号（※特別研修の受講番号ではありません。）及び氏名を必ず記入してください（受験番号や氏名の記入のないものは採点しません。）。

3．試験時間は、２時間です。

4．試験問題は、記述式です。

5．問題の解答は、所定の解答用紙に記入してください。所定の解答用紙以外の用紙に記入した解答は、その部分を無効とします。また、解答用紙の試験地、受験番号及び氏名欄以外の箇所に、特定の氏名等を記入したものも、無効とします。

6．解答用紙への解答の記入は、黒インクの万年筆又は黒インクのボールペン（ただし、インクが消せるものを除きます。）を使用してください。修正する場合は、二重線で消し、訂正してください（修正液は使用不可）。

7．解答に当たっては、参考書、六法全書等の閲覧は一切認めません。

8．鉛筆、消しゴム等の筆記具及び筆箱は鞄等にしまって足下においてください。また、携帯電話及びウェアラブル端末等の通信機器類についても、必ず電源を切って鞄等にしまって足下においてください。

9．解答用紙は書損じ等による追加配付、取替はしません。

10．試験時間中に不正行為があった場合、受験は直ちに中止され、その解答は無効なものとして取り扱われます。

11．試験問題に関する質問には、一切お答えしません。

12．試験問題は、試験時間終了後、持ち帰ることができます。途中で退室する場合には、持ち帰ることができません。

第1問 別紙1、2記載のX及びY社の「言い分」に基づき、以下の**小問（1）から小問（5）**までに答えなさい。

小問（1） 本件において、Xの立場に立って、特定社会保険労務士としてXを代理し、本件雇止めによる雇用終了の無効を主張し、Xを申請人、Y社を被申請人として「個別労働関係紛争の解決の促進に関する法律」に基づき都道府県労働局長にあっせん申請（以下「本件手続」という。）をするとして、当事者間の権利関係を踏まえて記載するとした場合の「求めるあっせんの内容」（訴状の場合に記載する請求の趣旨的なもの）は、どのようになりますか。解答用紙第1欄に記載しなさい。ただし、遅延損害金の請求は除くものとする。

小問（2） 特定社会保険労務士として、Xを代理して、Xの立場に立って、本件手続を申請し、Y社のXに対する雇止めが無効であると主張する場合、それを根拠づける主張事実の項目を簡潔に箇条書きで5項目以内にまとめて（例えば、「①Xは提出した退職願を直ちに撤回したこと。」等の要領）、解答用紙第2欄に記載しなさい。

小問（3） 特定社会保険労務士として、Y社を代理して、Y社の立場に立って、本件手続においてXに対する雇止めが有効であると主張する場合、それを根拠づける主張事実の項目（Xの主張に対する反論の主張も含む。）を簡潔に箇条書きで5項目以内にまとめて（例えば、「①XはY社の退職勧奨に基づき退職願を提出したものであること。」等の要領）、解答用紙第3欄に記載しなさい。

小問（4） 本件事案について、双方の主張事実や本件事案の内容等を踏まえて、本件雇止めの効力について考察し、その法的判断の見

通し・内容を、解答用紙第４欄に250字以内で記載しなさい。

小問（５）　本件事案について、Ｘの代理人である特定社会保険労務士として、本件「あっせん手続」において、Ｙ社側の主張事実も考慮し、かつ、「法的判断の見通し」を踏まえ、妥当な現実的解決を図るとした場合、どのような内容を考えますか。解答用紙第５欄に250字以内で記載しなさい。

第２問　以下の**小問（１）**及び**小問（２）**に答えなさい。

小問（１）　開業の特定社会保険労務士甲は、Ａ社の顧問として、Ａ社の従業員に関し、労働社会保険諸法令に基づく書類作成事務などを行っている。Ａ社は、昨年、大口取引先のＢ社から出資を受け入れ、Ｂ社が51％を出資する子会社となった。Ａ社は、Ｂ社の子会社となったのちも、独自の人事制度を維持しており、両者の間で従業員の交流はない。また、甲は、Ｂ社に関係する業務を一切行っていない。

甲は、知人から紹介されて、Ｂ社の元従業員Ｃから、Ｂ社に対する個別労働関係紛争の解決の促進に関する法律に基づくあっせん手続申請の代理人となって欲しいと依頼された。

甲は、この依頼を受任することができるか。（ア）「受任できる」又は（イ）「受任できない」の結論を解答用紙第６欄の結論欄に「カタカナの記号」で記入し、その理由を250字以内で記載しなさい。

小問（２）　上場の大企業Ｄ社の主力工場で大規模な事故が発生し、工場で勤務していた従業員に複数の死傷者が出た。事態を重く見たＤ社は、独立・中立の立場からの調査・検証が必要であると考え、事故の原因を究明し責任の所在を明らかにするため、外部の有識者からなる独立の調査委員会を立ち上げることを公表した。

　特定社会保険労務士乙は、それまでD社とは一切かかわりは
なかったが、労働災害や労働安全衛生に関する知見と経験を買
われ、D社から依頼されて調査委員会の委員に就任し、その活
動の一環として、事故のあった工場に勤務していたD社の従業
員数名の事情聴取を担当した。数週間後、調査委員会は調査・
検証の結果をまとめた報告書をD社に対して提出し、D社はこ
れを公表した。

　D社の従業員Eは、事故当時、事故のあった工場で労務課長
を務めており、乙の事情聴取を受けた。事情聴取に際し、乙は、
Eに対し、調査の中立性・公正性を担保する目的で社外の人間
が事情聴取を行うこと、及び、事情聴取の内容はD社に報告さ
れ、将来、D社による懲戒処分等の根拠に用いられる可能性が
あることを説明した。

　調査報告書において、Eは、名前を伏せた形であるが、労働
災害の発生を防止するために適切な安全教育及び救護訓練を実
施すべき立場にあったにもかかわらず、これを怠ったことが、
災害の発生及び拡大の原因の1つとなったと指摘された。

　その後、D社は、調査報告書をもとに事故の責任を負うべき
者として、役員を含む関係者数名に対し懲戒等の処分をしたが、
その中で、Eは、降格処分（懲戒）となった。

　Eは、懲戒を不服として、その撤回を求め、労働局に個別労
働関係紛争の解決の促進に関する法律に基づくあっせんを申請
した。申請書において、Eは、「会社から独立・中立した調査
委員会の委員による事情聴取だったので、包み隠さずすべて正
直に話をしたのであり、にもかかわらず、会社がそのような聴
取内容を利用して懲戒することには到底納得できない。」と記
載している。

　乙は、D社から、Eが申請したあっせん手続の代理人になる
ことを依頼された。

　乙は、この依頼を受任することができるか。（ア）「受任でき

る」又は（イ）「受任できない」の結論を解答用紙第7欄の結論欄に「カタカナの記号」で記入し、その理由を250字以内で記載しなさい。

〔Xの言い分〕

1．私は、Y社のT支店のA事業所に平成29（2017）年7月1日から雇用
　期間を1年とする有期雇用社員として雇用されました。

　　　Y社は、運輸倉庫業を営む全国規模の会社です。同社のT支店のA事
　業所というのは、大手企業K社のT市にある大型物流センターにおける
　商品配送その他倉庫管理業務一切をK社から請負って運営する事業所で
　す。

　　　私は、Y社の同事業所の「倉庫事務業務」の有期雇用社員の募集情報
　をみて、自宅から近くて規模の大きな会社の事業所ですから、長期にわ
　たって勤務できるのではないかと思い応募しました。

2．採用面接は、T支店で同支店総務部長と同課長から受けました。採用
　時の労働条件等及び契約内容の説明は、別添資料1の「労働条件通知書
　兼有期社員雇用契約書」のとおりの説明を受け、同時に有期雇用社員就
　業規則の説明も簡単に受けました。そして、勤務の内容は、T支店のA
　事業所限りの勤務であること、雇用期間は1年間とし、業務量や業務の
　見通し、勤務態度等の勤務状況から判断し、1年毎に更新するかどうか
　面談して決定すること、契約書の契約期間欄の「③更新の限度」の記載
　として「限定雇用」となっているのは、当該事業所に限定した有期雇用
　であり、正社員のように転勤などはなく、A事業所に限った雇用という
　意味であるとの説明を受けました。賃金は、日給制で基本給は1日9,600
　円、他に1日300円の交通費が支払われることなどが説明され、雇用契
　約書が示され読み上げられました。

3．私は、その説明や契約内容について特別の質問事項はなく、契約内容
　に同意し、即日採用となり、勤務は同年7月1日から開始しました。

4．採用されたA事業所は、物流担当部門と倉庫事務担当部門とに分かれ

ており、物流担当部門は正社員5名、物流の現場業務は外注会社が担当
し、倉庫事務担当部門は4名で、全員女性であり、責任者の正社員1名、
他の3名は私と同じ雇用期間1年の有期雇用社員です。事業所の管理職
は所長と営業課長です。

　倉庫事務業務というのは、商品等の在庫管理の入出力、各種伝票等の
発行、協力会社（Y社A事業所の現場取扱いや運送業務に従事する下請
会社）の作業稼働実績表の作成、出入荷実績等の算定、運転手等の窓口
対応等の業務です。

　私は、当該業務に同年7月1日から所定の早番、遅番の交替制による
勤務に従事しました。

5．その後の雇用関係について1年の有期雇用契約が更新されてきており
　ますので、その更新の状況について述べます。

　　第1回目の有期契約の更新は、翌年の平成30（2018）年5月中旬に行
　われました。更新にあたっては、T支店の総務課長が事業所に来て面談
　しました。その内容は、更新後の雇用条件について、有期社員雇用契約
　書の契約内容が読み上げられて、業務の状況やその他の問題の有無など
　が尋ねられました。給与については、日給が240円アップとなり、9,840
　円となったほか、有給休暇の日数増加の説明を受けました。そして、次
　期契約の締結の意思について尋ねられましたのでこれを承諾し、契約書
　に署名押印しました。

6．第2回目の更新については、令和元（2019）年5月中旬に更新契約の
　面談がありました。その時もT支店の総務課長が来所して前回の時と同
　様に行われました。そして賃金が日給240円アップし、10,080円となり、
　年休も増加したほかは、前回と同様に更新の承諾をして契約書に署名押
　印をしました。

7．ところが、第3回目の更新にあたっては、更新契約書の内容に変更が
　加えられました。更新契約の面談は前年と同じように、令和2（2020）

年5月中旬に行われました。この時は、T支店の総務課長のほかにA事業所の営業課長も同席しました。そして、総務課長から、A事業所の事業に関して発注者であるK社の物流センターの倉庫管理業務の請負の受注に関し、同社の発注方針が変更になり、毎年度競争入札により7月1日から1年間の管理運営業者を決定する方式に変更となったことが説明されました。

　そこで、物流センターの管理業務をY社が受注する限りにおいて、A事業所は継続するが、入札の結果、受注できなかったときは、A事業所は閉鎖となって撤退しなければならない。その時には有期社員の方は事業所限定雇用なので、雇用契約は事業所閉鎖により、当該期間限りで終了することになるため、万一の時の場合に備えその旨の確認と雇用終了となることの同意を求めておくこととしたものとの説明がなされました。

8．その際、同席した営業課長からは、当社とK社との長年の関係や両社の物流等取引状況からみて、そのような受注に失敗して当社がK社の同センターの管理業務から撤退するような事態にはならないだろうから、大丈夫だ、心配はいらないと言われました。

9．そして、今回の契約更新での契約書の変更箇所として、支店の総務課長から示されたのは、従前の契約書の契約期間欄の②の内容が変更されて、従来の記載に下記のとおり「ただし書き」が加えられたことです。

契約期間	①　期間の定めあり（令和2年7月1日〜令和3年6月30日） ②　更新の有無　1年の雇用期間とし、業務量、業務の見通し、能力、勤務態度、経営及び事業状況等による。ただし、K社からの次年度の倉庫業務の請負を受注できなかった場合は、A事業所閉鎖のため次期更新はせず期間満了をもって終了となる。 ③　更新の限度　限定雇用

10. 私は、営業課長が言ったＹ社とＫ社との物流センターの業務の取引状況や両社の長年の関係からみて、Ｙ社が受注に失敗することなどはないだろうから大丈夫だとの言葉を信じて、また、この追加された文書の契約内容を拒否すると更新できないことになると思い、そうなっては困るので、とにかく仕事の継続がなされることが第一ですから、本当にＡ事業所が閉鎖になるなどとは考えも及ばず、上記のとおり、記載内容が変更された次年度の更新契約を承諾し、署名押印の上更新しました。

そして、日給は、10,320円にアップし、また、年休日数も増加しました。

11. 次年度の第４回目の更新についても、令和３（2021）年の５月中旬に、Ｔ支店の総務課長が来られて更新契約の面談が行われました。総務課長からは、前回同様の変更された文面の記載された契約書の内容全文が読み上げられました。そして、この内容での更新契約についての意思の確認がなされました。日給が10,560円にアップとなり、年休日数も増加しました。私は、入札制度が変更したからといってＫ社とＹ社との関係から受注に失敗することはないとの昨年の営業課長の言葉のとおり今年も更新されており、そのまま雇用が継続されることについて心配はないと思い、前回同様に「ただし書き」の付された契約内容を承認して、更新契約書に署名押印し更新しました。

12. ところが、翌令和４（2022）年４月の初め頃、Ｙ社はＡ事業所の次年度の物流センターの管理運営業務の請負受注に失敗し、当該業務は競業相手の別のＳ社が受注したため、Ｙ社のＡ事業所は閉鎖となり、Ｋ社の物流センター業務から撤退することになった旨の知らせがありました。

私たち、倉庫事務担当者にも次のとおり、５月初めにＴ支店の総務課長が来所し、Ａ事業所の営業課長とともに、今後のことを含め直接説明がありました。

その内容は、Ｙ社は本件物流センターの次年度のＫ社からの倉庫管理業務の請負の入札に失敗し、Ａ事業所は６月末日をもって閉鎖となるとのことでした。

　従って、期間雇用契約については、次期の更新はなく、契約書のとおり６月末日の期間満了で終了となると告げられました。

　その後、５月中旬に行われた２回目の説明では、事業所閉鎖により終了するため、期間満了退職となるので、本来は支払われない退職慰労金を特に用意しているとの説明がありました。そして同時に私たちと個別面談が行われました。その後５月25日に３回目の面談が行われました。その結果、倉庫事務担当の４名の社員のうち、１名の正社員はＹ社の他の事業所に転勤になること、Ａ事業所限りで雇用されている有期雇用の３名のうち私以外の２名については、６月30日をもって期間満了で退職とし、期間満了退職慰労金として20万円の一時金が支払われることの説明がありました。この２名の人は、私が採用されてから前任者の後任として採用された者で雇用継続期間も短い人です。

13.　私は、総務課長との面談の中において前々回の更新時の説明の際に、営業課長より当社とＫ社との関係から受注に失敗するようなことはない、大丈夫で心配いらないとの言葉を信じ、また、更新にあたって「ただし書き」の加わった更新契約の変更の申出を拒否すると仕事が続けられないと思い、更新契約書に署名押印しましたが、このような事態になるとは思っていませんでしたので、本当にそうなる危険性もあると知っていれば承諾はしなかったと思います、と伝えました。

14.　現在、私は大学進学を控えている高校３年生と中学２年生の２人の子どもを育てており、夫の給与のみでは家計の維持は困難ですので、５年前にＡ事業所に採用され、何とか安定した日常が送れていたのに、急に雇用が打ち切られてはどうしようもありませんので、引き続き他の事業所での更新勤務の取扱いをお願いしました。

　今回の入札失敗というのは会社の経営責任であり、私たち従業員の側には、何の責任もないのですから、このような場合、会社としての責任上、一方的な事業所閉鎖ということになったわけですから、雇用の更新継続の措置をとってくれるのが当然ではないかと申入れました。Ｔ支店

管内には、私の勤務が継続できる事業所はあるはずですし、Ｔ支店管内は私の通勤範囲ですから、勤務は可能で、私は事務職ならば仕事の内容は問いませんので勤務継続を図って下さいと申出ました。

15. また、事業所限定の有期社員でも他に転勤して雇用を継続しているケースがあると聞いてますし、就業規則でも特別な事由がある場合には、限定雇用でも勤務地や勤務場所の変更をすることがあると定めているようですから、会社の入札失敗というのは当然この特別な事由にあたるので、勤務場所を変更して雇用継続がなされるべきではないでしょうか。

16. 私は入社以来通算して、雇用期間が５年目を迎えており、この間の更新の状況からみて私は将来も更新されるものと期待しており、さらに後１回更新すると無期転換できる権利が発生しますので、このことも励みに仕事を頑張ってきたことでもありますので、よろしくお願いします。

17. 総務課長は、私のこれらの申入れについて本社と協議をしてくれました。しかし、結局、有期社員は限定雇用であり、事業所が閉鎖となった場合には、その雇用期間限りで終了となり、他の事業所へ転勤するような形での更新は認めていないとの回答があり、Ａ事業所の他の有期社員の人と同様に期間満了退職慰労金をもって、雇用の終了となるので了解して欲しい。期間満了退職慰労金は他の人より勤務が長いので考慮するが、更新の継続はできないと拒否されました。

18. その後、会社からは６月30日付で雇用期間が満了したこと、期間満了退職慰労金として増額した金30万円を支払うことが通知され、関係書類が送付されました。しかし、私は、あくまで雇用の継続を要求しますし、会社の経営責任からも当然雇用の継続の配慮が必要とされるはずだと思います。

　そこで、雇止め無効による雇用更新による継続雇用について、県労働局長に対して法律に定める「あっせん」の申請をお願いします。

　なお、私の賃金については、日給制ですが、原則として年末年始を除く祝日は出勤日であり、日給が10,560円で労働日は本年 4 月は21日、 5 月は22日、 6 月も22日であり、この 3 ヵ月間平均の 1 ヵ月当たりの基本給は228,800円となりますのでよろしくお願いします。

以上

別添資料1

労働条件通知書兼有期社員雇用契約書

X　　　殿

契約期間	①期間の定めあり（平成29年7月1日〜平成30年6月30日） ②更新の有無　1年の雇用期間とし、業務量、業務の見通し、 　　　　　　　能力、勤務態度、経営及び事業状況等による。 ③更新の限度　限定雇用
就業の場所	K社物流センター内　Y社T支店A事業所
業務の内容	倉庫事務業務
始業・終業の時刻、休憩時間、就業時転換、所定時間外の労働の有無に関する事項	1　始業・終業の時刻等 　早番　始業午前7時〜終業午後4時 　遅番　始業午前10時〜終業午後7時 2　休憩時間（60分） 3　所定時間外労働の有無　（有）
休　　日	定例日：毎週土・日曜日、その他（年末年始等Y社が指定した日） 詳細は、有期雇用社員就業規則による
休　　暇	年次有給休暇　6ヵ月継続勤務した場合に10日 　　　　　　　継続勤務6ヵ月以内の年次有給休暇（無）
賃　　金	1　基本賃金　基本給日給9,600円 　　　　　　　通勤手当　1日300円 2　法定時間超、休日又は深夜労働に対して支払われる割増賃金率 　イ　法定時間超　（25）％ 　ロ　休日　法定休日（35）％、法定外休日（25）％ 3　賃金締切日（毎月末日）　　4　賃金支払日（翌月20日） 5　賃金の支払い方法（口座振込による） ○詳細は、有期雇用社員就業規則による
退職に関する事項	・雇用期間が満了し次期の更新のないとき ・その他就業規則の解雇退職事由に該当するとき
その他	・社会保険の加入状況（有） ・雇用保険の適用　（有） ・その他（　　　　　　　　　　　　　　　　　　　　）

※以上のほか、Y社の有期雇用社員就業規則による。

署名欄　上記の労働条件を確認の上、当事者双方が以下に署名押印する。

　　　従業員　T県T市○○町○番地　　　　X　　　印

　　　事業主　T県T市△△町△番地　　　　Y株式会社T支店総務部長

　　　　　　　　　　　　　　　　　　　　○○　　　印

　　　　　　　　　　　　　　　　　　　　　　　　　　　　　以上

別 紙 2

〔Y社の言い分〕

1. 私は、Y社のT支店の総務部長をしております。今回の当社T支店の
K社物流センター大型倉庫内にあります、A事業所の有期雇用社員（以
下有期社員）Xについて、同事業所閉鎖に伴う期間満了による雇止めを
めぐる紛争に関して、Y社を代表して申し上げます。なお、A事業所
は、T市にあるK社の物流センターの倉庫管理運営業務の一切を請負い
取扱っている事業所です。

2. Xは、当社T支店A事業所の倉庫事務業務の有期社員募集情報をみて
応募されたもので、採用面接は私と当支店総務課長の2名で行いました。
雇用条件等については、採用面接において、「Xの言い分」別添資料1
の「労働条件通知書兼有期社員雇用契約書」を示し、その内容を中心に、
総務課長より説明しました。特に同書の「契約期間」の③の「更新の限度」
として「限定雇用」と記載していることについて、これは有期社員につ
いてはA事業所限りの限定した雇用であり、採用から雇用終了に至るま
で原則としてその事業所限りという勤務制度であること。従って、他の
事業所に転勤する形で雇用の更新をするようなことは原則としてないと
いう意味であることなどを説明しました。当社がこのように定めている
のは、倉庫業務については景気の変動や流行等に大きく左右され、雇用
にも大きな変動のあるのが業務の特徴であるため、変動要員としての有
期従業員が必然的な業態であるためです。

　面接の結果、Xは事務職としての前歴もあり、特に問題もないので採
用を決定し、Xもこのような労働条件等の説明を承諾し、雇用契約書に
署名押印をし、雇用契約を締結しました。

3. Xは、平成29年（2017）年7月1日からA事業所において倉庫事務業
務の担当として勤務を開始しました。A事業所の組織や人員構成につい
ては「Xの言い分4」のとおりです。

その後のＸとの有期契約の更新状況を申し上げます。第１回目の更新については、約１年後の平成30（2018）年５月中頃に、支店総務課長がＡ事業所に赴いて行いました。

　Ａ事業所は、労基法上の独立の事業場として36協定や就業規則の届出等を行っていますが、契約の更新等主要な人事的事項については、支店の総務課長が事業所に赴いて行っています。第１回の更新手続の状況は「Ｘの言い分５」のとおりです。

　第２回目の更新の状況や更新内容についても、令和元（2019）年５月中旬に第１回目の更新手続の場合と同様に、支店総務課長がＡ事業所に赴き、Ｘとの間で更新契約を行いました。その状況は「Ｘの言い分６」のとおりです。

4．その後、本件倉庫管理業務の請負に関しては、Ｋ社の物流センターにおける倉庫管理業務の発注方針が令和元（2019）年９月以降から変更し、競争入札方式となりました。このことに関連して、本社総務部から今後Ｋ社の倉庫業務に従事する有期社員の更新にあたっては、万一次年度の受注ができない事態も考えられることから、その際トラブルが生じないよう、契約書に次のような条件を付して、従業員に説明し、同意を得て更新するようにとの指示がありました。その内容は、「万一受注できなかった場合には事業所閉鎖となり、当該雇用期間限りで雇用が終了となる」との趣旨の文書を加え、更新契約条項とするようにということです。これは同じような同業他社の倉庫業務の事業所でＫ社からの受注失敗による閉鎖をめぐる有期社員との間でトラブルがあったためのようです。

5．そこで、Ａ事業所についても、翌令和２（2020）年のＸとの３回目の更新を同年５月中旬に行うにあたっては、そのことを説明して了解を得て円満に更新を行うため、支店総務課長がＡ事業所に赴き、現場の事業所の営業課長も加えて同席の上、これらのことを説明し更新手続をしました。

　その際の説明の内容は「Ｘの言い分７」の記載のような状況です。そ

れは、万一当社が受注できなかった時は事業所が閉鎖となるので、事業所限定雇用の有期社員の方は当該期間のみで期間満了により有期雇用の終了となるということになりますので、そのことを予め確認して更新してもらいたいということです。その旨をXに説明し、さらにこのことを明白にするため、従来の契約内容に「ただし書き」を加えることとしたことを説明し、契約書の記載内容（「Xの言い分9」のとおり）を呈示し読み上げました。

　Xからは、これらの説明や変更した書面の記載などに関し特別質問や異議もなく、従前の更新手続の場合と同様にXは契約書に署名押印しました。

6．その時の更新の際のことについて、「Xの言い分8」に営業課長の発言が記載されていますが、営業課長がそのような趣旨の話をしたのは事実ですし、当社側としては、当時そのように思っていました。しかし、競争入札のことですから、確実に今後も受注できるという保障などはないわけで、これは希望的な話です。

7．第4回目の更新の状況については、令和3（2021）年5月中旬にT支店総務課長との間で更新手続が行われました。更新状況は「Xの言い分11」のとおり、前回の更新契約書同様「ただし書き」の加えられている契約書を総務課長が読み上げ、Xに対し更新の意思を確認して、本人からは特別に異議はなく、本人の同意を得て署名押印を受けて更新しました。

8．ところが、本年、当社は令和4年度のA事業所のK社物流センター管理運営業務の入札にのぞみましたが、当年度の受注に失敗し、競争相手のS社に当該業務を奪われてしまいました。その原因は、S社が大幅な倉庫業務のデジタル化による新しい管理運営モデルを策定し、画期的な業務改善を提案したためと推定されます。いずれにしても、当社としては令和4年度の受注に失敗したため、A事業所は廃止となり、K社の物

流センター業務からの撤退を余儀なくされました。そして、本年6月30日付をもってＡ事業所の閉鎖を決定しました。

9．そこで、そのことが判明した本年4月初旬に、Ａ事業所の全員にその旨の説明を行い、倉庫事務業務従事のＸら4名に対しても4月の中旬頃から5月末頃にかけて3回にわたり、支店総務課長とＡ事業所の営業課長から説明しました。

　　当社としては、受注失敗という思いがけない事態の発生であり、雇用期間の終了となるＸはじめ期間雇用社員については丁寧に説明し、上記の3回にわたる説明会のほか、個別面談も行い本人らの希望を聞いて対応しました。その結果、4名の倉庫事務社員のうち1名は正社員ですから当支店内の他の業務に配転し、Ｘ以外の2名については雇用期間が短いこともあり、ハローワークを通じて他に転職することになり、雇用保険関係手続を早く行うこととし、また、期間満了の退職慰労金20万円を特別に支払うことで合意しました。

10．Ｘとの面談は2回行いましたが、今回の措置について結局合意に至りませんでした。

　　当社としては、Ｋ社の方針が競争入札に変更になったときにこのような問題が生じないよう更新にあたってＸにその趣旨を十分に説明して更新しました。当社の説明に対してＸからは何の異論も質問などもなく、更新契約書に署名押印したものですから、有効であることは間違いありません。さらに翌年の更新時にも同一内容の契約書を読み上げ確認した上で署名押印されていますので、Ｘとの事業所閉鎖の場合の雇用終了の特約の合意は有効であることに全く問題はないと思います。

11．このような特別な合意がなくても、もともと事業所限定雇用者ですから事業所閉鎖に基づく勤務場所の消滅による雇用の終了は当然のことですし、このことは採用面接時に説明もしています。また、今回の入札の失敗は会社の経営責任だからといわれましたが、競争入札制度の結果で

すから、競争入札は応札した会社の中から一社が選ばれるもので、経営不振や景気変動による事業縮小の場合のように雇用確保の経営努力が求められるものとは異なると考えます。

12. なお、Xのいう「特別な事由がある場合」の勤務地や勤務場所の変更の規定（有期雇用社員就業規則3条2項）は確かにありますが、この規定の適用は有期社員の雇用期間中における社員側の住居の移転などのケースへの配慮のためのもので、期間満了後の更新による転勤のような形での雇用継続については、これを行えば使用者が自由に有期社員の異動を行うことになり、限定雇用制度が崩れてしまうので当社としては行っていません。

13. もともとXとの有期契約の更新期間は、前述のとおり更新を継続した期間も短く、今までの更新時には契約をきちんと読み上げ更新毎に意思確認を行っておりますので、更新継続について期待される状況ではありません。また、事業所限定雇用の場合の事業所閉鎖による雇用終了ですから、当社のXに対する雇止めは、やむを得ない事由に基づく雇用の終了でありますので、正当であると考えております。Xについては、事業所での勤務期間も他の社員よりも長かったため、期間満了退職慰労金も増額して30万円支払うこととしましたが、結局納得を得られませんでした。

　なお、「Xの言い分18」の賃金額の計算については、そのとおりです。

以上

別添資料２

Ｙ社有期雇用社員就業規則（抜粋）

（有期社員）
第３条　有期雇用社員（以下「有期社員」という。）は、雇用期間、勤務地、勤務場所、従事業務の限定された社員とする。
　２　会社は、特別な事由がある場合は、前項の有期社員の勤務条件を変更することがある。

（更新基準）
第15条　有期社員の更新の有無については、次の基準により判断する。
　１　契約満了時の業務量により判断する。
　２　労働者の能力、勤務成績、勤務態度等により判断する。
　３　会社の経営及び事業の状況、従事業務の進捗状況により判断する。

（解雇）
第25条　有期社員が、次の各号のいずれかに該当する場合は、契約期間中であっても解雇する。
　１　身体又は精神の障害等により業務に耐えられないと認められたとき
　２　能力不足又は勤怠成績が著しく不良で就業に適さないと認められたとき
　３　勤務態度等が不良で注意しても改善なく勤務の継続に不適当と認められたとき
　４　事業の縮小、その他やむを得ない業務の都合があるとき

〈あっせん事例〉模範解答例と解説

Ⅰ 模範解答例及び出題の趣旨と配点

第1問

小問 (1)

模範解答例

①Ｘが、Ｙ社に対し、雇用契約上の権利を有する地位にあることを確認すること。

②Ｙ社は、Ｘに対し、令和４年８月から毎月20日限り、金228,800円を支払うこと。

出題の趣旨と配点

　Ｘの立場に立って、特定社会保険労務士としてＸを代理し、本件雇止めによる雇用終了の無効を主張し、Ｘを申請人、Ｙ社を被申請人として「個別労働関係紛争の解決の促進に関する法律」に基づき都道府県労働局長にあっせん申請（以下「本件手続」という。）をするとして、当事者間の権利関係を踏まえて記載するとした場合の「求めるあっせんの内容」（訴状の場合に記載する請求の趣旨的なもの）の記載を問う出題である。

　解答にあたっては、本問が雇用期間終了による雇止めの無効を理由とする「労働契約上の地位」の確認という法的構成による請求を求めているので、「求めるあっせんの内容」は、訴状の「請求の趣旨」のように、ＸのＹ社に対する地位確認の請求の記載と、それに基づく賃金請求の記載を求めるものである。（10点）

コメント

　Ｘの給与は日給であるため、賃金の支払額については、３ヵ月平均の給料支給額228,800円が妥当であるとして請求しています。

　なお、通勤手当については、雇止めがされた後に出勤していないことから、実費支給である通勤手当は、請求することができないと解されます。

模範解答例

① 3回目の契約更新の際、入札の結果、受注できなかったときは、A事業所は閉鎖となって撤退しなければならず、そのときには有期社員の方は事業所限定雇用なので、雇用契約は事業所閉鎖により、当該期間限りで終了することになるが、営業課長から、受注に失敗して当社がK社の同センターの管理業務から撤退するような事態にはならないだろうから、大丈夫だ、心配はいらないと言われていたこと。

② 今回の入札失敗というのは会社の経営責任であり、従業員の側には、何の責任がなく、このような会社としての責任上、一方的な事業所閉鎖ということになったわけだから、雇用の更新継続の措置をとってくれるのが当然であり、十分な説明責任が果たされたとは言えないこと。

③ 事業所限定の有期社員でも他に転勤して雇用を継続しているケースがあること。

④ 就業規則でも特別な事由がある場合には、限定雇用でも勤務地や勤務場所の変更をすることがあると定めているため、会社の入札失敗というのは当然この特別な事由にあたり、勤務場所を変更して雇用継続がなされるべきであること。

⑤ Xは入社以来通算して、雇用期間が5年目を迎えており、この間の更新の状況からみて将来も更新されるものと期待しており、さらに後1回更新すると無期転換できる権利が発生するとの期待権を有していたこと。

出題の趣旨と配点

　特定社会保険労務士として、Xを代理して、Xの立場に立って、本件手続を申請し、Y社のXに対する雇止めが無効であると主張する場合、それを根拠づける主張事実の項目を簡潔に箇条書きで5項目以内にまとめて、記載することを求める出題である。

　解答にあたっては、本問は雇用期間を1年とする有期雇用契約であるから、更新の継続による次期更新の期待についての合理的理由の存在、雇止め理由に客観的合理性と相当性のないこと、雇用終了の特約は真意に基づ

くものではなく無効であること等の主張すべき要件事実を簡潔に摘示して、記載を求めるものである。(20点)

小問 (3)

模範解答例

① Xとの3回目の更新時、万一当社が受注できなかったときは事業所が閉鎖となるので、事業所限定雇用の有期社員の方は当該期間のみで期間満了により有期雇用の終了となるということになるため、そのことを予め確認して更新してほしい旨をXに説明し、さらにこのことを明白にするため、従来の契約内容に「ただし書き」を加えることとしたことを説明し、契約書の記載内容を呈示し読み上げたところ、Xからは、これらの説明や変更した書面の記載などに関し特別質問や異議もなく、従前の更新手続の場合と同様にXは契約書に署名押印したこと。

② 4回目の更新も、3回目の前回更新契約書同様「ただし書き」の加えられている契約書を総務課長が読み上げ、Xに対して更新の意思を確認して、本人からは特別に異議はなく、本人の同意を得て署名押印を受けて更新したこと。

③ 本年6月30日付をもってA事業所の閉鎖を決定したものだが、Y社としては、受注失敗という思いがけない事態の発生であり、そのことが判明した本年4月初旬に、A事業所の全員にその旨の説明を行い、倉庫事務業務従事のXら4名に対しても4月の中旬頃から5月末頃にかけて3回にわたり、支店総務課長とA事業所の営業課長から説明し、雇用期間の終了となるXはじめ期間雇用社員については丁寧に説明し、上記の3回にわたる説明会のほか、個別面談も行い本人らの希望を聞いて対応したこと。

④ Xは、もともと事業所限定雇用者であり、事業所閉鎖に基づく勤務場所の消滅による雇用の終了は当然のことであり、このことは採用面接時に説明もしていること。

⑤ 今回の入札の失敗は会社の経営責任だからというが、競争入札制度の結果であり、競争入札は応札した会社の中から一社が選ばれるもので、経

営不振や景気変動による事業縮小の場合のように雇用確保の経営努力が求められるものとは異なるものであり、また、期間満了退職慰労金も、年数に応じXには30万円と、増額してその分を考慮していること。

出題の趣旨と配点

特定社会保険労務士として、Y社を代理して、Y社の立場に立って、本件手続においてXに対する雇止めが有効であると主張する場合、それを根拠づける主張事実の項目（Xの主張に対する反論の主張も含む。）を簡潔に箇条書きで5項目以内にまとめて記載することを求める出題である。

解答にあたっては、Y社の主張としては、本件期間雇用契約は勤務形態として事業所を限定する雇用であり、更新手続においても、更新継続の期間が短期間であり、Xが更新の継続を期待するような事実はなく、また倉庫業務の受注失敗による事業所廃止の場合の期間満了による雇用の終了を特約しており、他の事業所への配転による雇用の継続義務などは負っていないとの、雇止めについて正当性があることの主張事実を簡潔に摘示して記載することを求めるものである。（20点）

小問 （4）

模範解答例

Y社は、雇用期間が1年間であることを明示し、毎年、雇用契約書を読み聞かせるなどして、契約更新を行ってきた。また、Xに対する3回目の契約から、入札結果如何で、事業所閉鎖と、雇止めの可能性があることも契約書に付加したが、そのような事態を心配するに及ばない旨の営業課長の発言があり、4回目の契約も締結された。しかし、Xは、期間満了により雇止めされた。Xは、3回の契約更新がされ、当然、長期雇用に期待権がある。正社員は他の部署への受け入れがされており、Y社はXに対する雇止め回避措置を尽くしたとは言い難い。　　　　　　　　　　　（249字）

出題の趣旨と配点

本件事案について、双方の主張事実や本件事案の内容等を踏まえて、本

件雇止めの効力について考察し、その法的判断の見通し・内容について250字以内での記載を求める出題である。

　解答にあたっては、一方の主張だけでなくＸ、Ｙ社双方の主張それぞれについて検討し、本件が事業所限定の雇用期間１年の有期の労働契約であること、更新契約にあたっての回数、言動、手続の内容等からの次期更新の合理的期待の有無、受注失敗の際の事業所廃止に基づく期間満了による雇用終了の特約の成否、雇止めによる解雇手続の相当性といった観点から双方の主張の成否に関し、客観的合理性と社会通念上の相当性の判断を問うものである。（10点）

コメント

　本解答では、労働者の立場に立って主張しましたが、当然、会社側の立場に立って主張することも可能です。その際、主張に外してはならない事柄は、「・受注失敗の際の事業所廃止に基づく期間満了による雇用終了の特約の成否」につき、Ｘが異議を申し述べていないこと、「・雇止めに対して３回の説明会をしており、かつ、個人的にも要望を聞いていること」、「・退職慰労金につき、他の労働者に比べ、雇用期間が長いことから金額に差異を設けていること」、「・入札の受注失敗は、経営上の責任ではないこと」等に鑑み、本件雇止めは、Ｘの雇用継続の期待権を上回る客観的合理性があるため、有効であるとの帰結を導いてください。

小問　（5）

模範解答例

　法的な判断の見通しでは、本件雇止めが無効であることから、Ｙ社はまず、倉庫事務社員のうち、正社員にしたように、労働者Ｘの配置転換が可能であれば、他の部署、具体的にはＴ支店管内において、雇用の継続を模索する努力が求められる。しかし、既に、余剰人員を受け入れる余裕がない場合には、無理に仕事を作ってまで雇用する必要はないものの、その場合は、Ｘとの話し合いにおいて、他の企業などに就職の紹介をするであるとか、提示した以上の退職慰労金を増して支給するなどの解決方法が考え

られる。 (234字)

　本件事案について、Ⅹの代理人である特定社会保険労務士として、本件
「あっせん手続」において、Ｙ社側の主張事実も考慮し、かつ、「法的判断
の見通し」を踏まえ、妥当な現実的解決を図るとした場合、どのような内
容の提案を考えるかについて250字以内で記載を求める出題である。

　本問の解答にあたっては、小問（４）で考察した法的判断をもとにして
和解解決を図るとした場合に、どのような提案がⅩとして、双方の主張や
事実関係からみて具体的妥当な案として考えられるかについて、多様な解
決案の提示と考察を求めるものである。（10点）

Ⅱ 論点整理

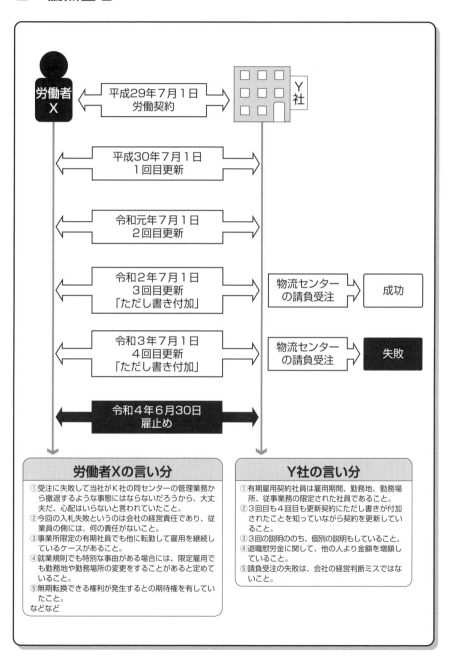

労働者X　平成29年7月1日 労働契約　**Y社**

平成30年7月1日 1回目更新

令和元年7月1日 2回目更新

令和2年7月1日 3回目更新 「ただし書き付加」　物流センターの請負受注　成功

令和3年7月1日 4回目更新 「ただし書き付加」　物流センターの請負受注　失敗

令和4年6月30日 雇止め

労働者Xの言い分

①受注に失敗して当社がK社の同センターの管理業務から撤退するような事態にはならないだろうから、大丈夫だ、心配はいらないと言われていたこと。
②今回の入札失敗というのは会社の経営責任であり、従業員の側には、何の責任がないこと。
③事業所限定の有期社員でも他に転勤して雇用を継続しているケースがあること。
④就業規則でも特別な事由がある場合には、限定雇用でも勤務地や勤務場所の変更をすることがあると定めていること。
⑤無期転換できる権利が発生するとの期待権を有していたこと。
などなど

Y社の言い分

①有期雇用契約社員は雇用期間、勤務地、勤務場所、従事業務の限定された社員であること。
②3回目も4回目も更新契約にただし書きが付加されたことを知っていながら契約を更新していること。
③3回の説明ののち、個別の説明もしていること。
④退職慰労金に関して、他の人より金額を増額していること。
⑤請負受注の失敗は、会社の経営判断ミスではないこと。

Ⅲ 解法の手順☞争点の概要を掴む

　この問題の大きな争点は、「雇止め」について、処分の妥当性が検討されるものである。

　雇止めは、有期契約労働者に対する労働契約の終了にかかる事案である。よって、無期雇用の労働者における解雇の法理と共に、今後同様に雇用が継続されるとする、労働者の期待する権利との比較衡量で、雇止めの妥当性が厳格に判断される。

1 解雇

　使用者からの申し出による一方的な労働契約の終了を「解雇」という。解雇は、使用者がいつでも自由に行えるというものではなく、解雇が客観的に合理的な理由を欠き、社会通念上相当と認められない場合は、労働者をやめさせることはできない（**労働契約法第16条**）。

　解雇するには、社会の常識に照らして納得できる理由が必要とされる。

　その理由を判断する場合、労働者の落ち度の程度や行為の内容、それによって会社が被った損害の重大性、労働者が悪意や故意でやったのか、やむを得ない事情があるかなど、さまざまな事情が考慮されて、解雇が正当かどうか、最終的には裁判所において判断される。

　なお、次のような一定の場合については、法律で解雇が禁止されている。

【労働基準法】
・業務上災害のため療養中の期間とその後の30日間の解雇（**第19条**）
・産前産後の休業期間とその後の30日間の解雇（**第19条**）
・労働基準監督署に申告したことを理由とする解雇（**第104条第2項**）
【労働組合法】
・労働組合の組合員であることなどを理由とする解雇（**第7条第1号**）
【男女雇用機会均等法】
・労働者の性別を理由とする解雇（**第6条第4号**）
・女性労働者が結婚・妊娠・出産・産前産後の休業をしたことなどを理

由とする解雇（**第9条**）

【育児・介護休業法】

・労働者が育児・介護休業などを申し出たこと、又は育児・介護休業などをしたことを理由とする解雇（**第10条・第16条**など）

使用者は、就業規則に解雇事由を記載しておかなければならない（**労働基準法第89条第3号**）。

そして、合理的な理由があっても、解雇を行う際には少なくとも30日前に解雇の予告をする必要がある。

予告を行わない場合には、30日分以上の平均賃金（解雇予告手当）を支払わなければならない。予告の日数が30日に満たない場合には、その不足日数分の平均賃金を、解雇予告手当として、支払う必要がある（**労働基準法第20条**）。

例えば、解雇日の10日前に予告した場合は、20日×平均賃金を支払う必要がある。

さらに、労働者が解雇の理由について証明書を請求した場合には、会社はすぐに労働者に証明書を交付しなければならない（**労働基準法第22条**）。

2 期間の定めがある場合

期間の定めのある労働契約（有期労働契約）については、使用者と労働者が合意して契約期間を定めたものであることから、使用者はやむを得ない事由がある場合でなければ、契約期間の途中で労働者を解雇することはできないこととされている（**労働契約法第17条**）。そして、解雇の有効性は、期間の定めのない労働契約の場合よりも、厳しく判断される。

また、有期労働契約においては、契約期間が過ぎれば原則として自動的に労働契約が終了することとなるが、3回以上契約が更新されている場合や1年を超えて継続勤務している人については、契約を更新しない場合、使用者は30日前までに予告しなければならないとされている（**「有期労働契約の締結、更新及び雇止めに関する基準」**〈厚生労働省告示〉）。

さらに、反復更新の実態などから、実質的に期間の定めのない契約と変

わらないといえる場合や、雇用の継続を期待することが合理的であると考えられる場合、雇止め（契約期間が満了し、契約が更新されないこと）をすることに、客観的・合理的な理由がなく、社会通念上相当であると認められないときは雇止めが認められないとされ、従前と同一の労働条件で、有期労働契約が更新されることになる（**労働契約法第19条**）。

参考 労働契約法

（有期労働契約の更新等）

第19条 有期労働契約であって次の各号のいずれかに該当するものの契約期間が満了する日までの間に労働者が当該有期労働契約の更新の申込みをした場合又は当該契約期間の満了後遅滞なく有期労働契約の締結の申込みをした場合であって、使用者が当該申込みを拒絶することが、客観的に合理的な理由を欠き、社会通念上相当であると認められないときは、使用者は、従前の有期労働契約の内容である労働条件と同一の労働条件で当該申込みを承諾したものとみなす。

（第1項省略）

　二　当該労働者において当該有期労働契約の契約期間の満了時に当該有期労働契約が更新されるものと期待することについて合理的な理由があるものであると認められること。

　ここで本問を回答する際、もう一つ押さえておかなければならないのが、「無期転換ルール」である。

　無期転換ルールとは労働契約法の改正により、同一の使用者（企業）との間で、有期労働契約が更新されて通算5年を超えたときに、労働者の申込みによって、期間の定めのない労働契約（無期労働契約）に転換できるルールのことである。通算5年のカウントは、平成25年4月1日以降に開始した有期労働契約が対象とされる（**労働契約法第18条**、平成25年4月

1日施行）。

　契約期間が1年の場合、5回目の更新後の1年間に、契約期間が3年の場合、1回目の更新後の3年間に無期転換の申込権が発生する。契約期間が平成25（2013）年4月に開始して1年ごとの更新を繰り返した場合、平成30（2018）年4月から「無期転換の申込み」ができるようになった。

【労働契約法第18条の原則的イメージ図】

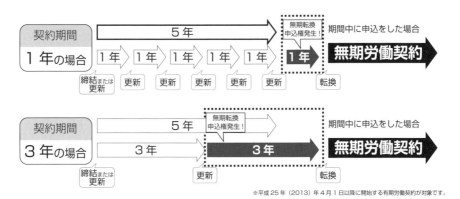

※平成25年（2013）年4月1日以降に開始する有期労働契約が対象です。

　この、無期転換は、契約社員・パート・アルバイト、全ての有期契約が対象とされる。

③ 雇止めの判例の考え方

　雇止めを争った近時の判例には、次のようなものがある。

◆日本郵便（65歳雇止め）事件（最判　平30.9.14）
【事案】

　平成19年10月に期間雇用社員就業規則を制定し、満65歳に達した日以後の最初の雇用契約期間満了日以後は雇用契約を更新しない旨の上限条項を設けた後に、その条項に基づいて雇止めした事案である。

【判旨】

1　郵便関連業務に従事する期間雇用社員について満65歳に達した日以後は有期労働契約を更新しない旨の就業規則の定めは、次の（1）、（2）など判示の事情の下においては、労働契約法7条にいう合理的な労働条件を定めるものである。

（1）上記期間雇用社員の従事する業務は屋外業務、立った状態での作業、機動車の乗務、機械操作等であるところ、当該就業規則の定めは、高齢の期間雇用社員について、これらの業務に対する適性が加齢により逓減し得ることを前提に、その雇用管理の方法を定めたものである。

（2）当該就業規則の定めの内容は、高年齢者等の雇用の安定等に関する法律に抵触するものではない。

2　日本郵政公社の非常勤職員であった者が郵政民営化法に基づき設立されて同公社の業務等を承継した株式会社と有期労働契約を締結して期間雇用社員として勤務している場合において、当該株式会社は、当該株式会社が同公社とは法的性格を異にしていること、当該者が同公社の解散する前に同公社を退職していることなど判示の事情の下においては、期間雇用社員について満65歳に達した日以後は有期労働契約を更新しない旨をその設立時の就業規則に定めたことにより、同公社当時の労働条件を変更したものということはできない。

3　期間雇用社員に係る有期労働契約は、満65歳に達した日以後は有期労働契約を更新しない旨の就業規則の定めが当該労働契約の内容になっていること、期間雇用社員が雇止めの時点で満65歳に達していたことなど判示の事情の下においては、当該時点において、実質的に期間の定めのない労働契約と同視し得る状態にあったということはできない。

　この事案では、満65歳に達した日以後は雇用契約を更新しない旨の上限条項が周知され、そのとおりに運用されていたから、更新を期待することに合理的な理由がないとされたものと考えられる。

◆高知県公立大学法人事件（控訴審）（高松高判　令3.4.2）

【事案】

システム開発のプロジェクト事業に従事させるため、大学が有期雇用したシステムエンジニアを5年弱で雇止めした事案の控訴審。システムエンジニアは、雇止めは無効であり、契約は更新され5年を超えたことで無期転換したと主張した。一審（高松地判　令2.3.17）では、特定のプロジェクトのために雇用された職員の雇止めが無効とされ、無期雇用への転換が認められた。他方、高松高裁は、プロジェクト終了時まで契約が更新されることの期待は合理的としたものの、無期転換の意思表示は期間満了後だったことから、権利の行使は認めなかった。

【判旨】

一審判決は、「本件では、原告が、平成30年4月1日から平成31年3月31日までの間に、被告に対し、無期労働契約の締結を明示して申し込んだ事実は認められない」と認定したにもかかわらず、「原告が被告に対し明示的な申込みをしなかったのは本件雇止めを受けたためであること、原告は、平成30年4月13日、本件訴訟を提訴し……　一貫して、本件雇止めが……無効であり同月1日から本件労働契約が更新されたことを理由として……現在も労働契約上の権利を有する地位にあることの確認……等を請求しており、さらに、同法18条1項に基づき、本件労働契約が無期労働契約に転換した旨の主張もしていること……などを考慮すれば、遅くとも平成31年3月31日までの間に、原告が……無期労働契約締結の申込みの意思表示を行ったと認めるのが相当である」と述べ、平成31年4月1日に無期労働契約が締結されたと判断した。

しかし、本控訴審判決は、一審原告が明示的に労働契約につき無期転換申込権行使の意思表示をしたのは、労働契約の期間満了後である令和元年8月9日付の準備書面によってであったと認定し、労働契約法18条1項所定の期間内に無期転換申込権を行使したとは認められないと判断して、一審判決を覆した。

平成24年8月に施行された労働契約法19条により、雇止めに関する法理

は、おおむね次のように法制化された（条文は前記のとおり）。

①その有期労働契約が反復・更新され、無期労働契約と同視できる状態
　になっている場合、

または、

②その有期労働契約が更新されるものと期待することについて合理的な
　理由があると認められる場合に、労働者が更新申込みをするか、期間
　満了後遅滞なく契約の締結申込みをしたとき

は、使用者がその申込みを拒絶することが、客観的に合理的な理由を欠き、社会通念上相当であると認められないときは、申込みを承諾したものとみなされる……とされているものである。

　本件の場合、上記②に当たるか否か、つまり、更新期待に合理的な理由があるか否かが問題となる。

　本判決では、一審原告は、ＤＮＧＬ（災害看護グローバルリーダー）プロジェクトに従事するために招かれたシステムエンジニアだったので、同プロジェクトが終了する平成31年３月31日まで雇用が継続されるとの期待には合理的な理由があるとされ、それ以降の更新期待には合理的理由はないとされたものである。

◆博報堂事件（福岡地判　令２.３.17）

【事案】

　約30年間勤務したが、「最長５年ルール」の導入により雇止めされたため地位確認を求めた。５年としつつ例外も設けていた。福岡地裁は、同ルールにより契約更新の高い期待は大きく減殺されないと判断。契約書に署名押印はあるが終了に合意したとはいえない。人件費削減を理由に雇止めは認められず、業務上の問題点を指摘するが適切な指導を行ったともいえないなど雇止め無効とした。

【判決一部抜粋】

　原告が本件雇用契約の契約期間が満了する平成30年３月31日までの間に更新の申込みをしたのに対し、被告が、当該申込みを拒絶したことは、客観的に合理的な理由を欠き、社会通念上相当であると認められないことか

ら、被告は従前の有期雇用契約の内容である労働条件と同一の労働条件で当該申込みを承諾したものとみなされる。

（4）そうすると、原・被告間では、平成30年4月1日以降も契約期間を1年とする有期雇用契約が更新されたのと同様の法律関係にあるということができる。そして、原告は本件訴訟において、現在における雇用契約上の地位確認を求めていることから、その後も、有期雇用契約の更新の申込みをする意思を表明しているといえる。他方、被告は、原告の請求を争っていることから、それを拒絶する意思を示していたことも明らかであるところ、争点（2）及び（3）で説示したところと事情が変わったとは認められないから、平成30年4月1日以降も、被告は従前の有期雇用契約の内容である労働条件と同一の労働条件で、原告による有期雇用契約の更新の申込みを承諾したものとみなされる。

　本件は、労働者は1年ごとの有期雇用契約を計29回更新した。平成25年4月の改正労働契約法施行に伴い、それ以降も有期契約で5年間勤務した女性は平成30年4月には無期労働契約への転換を申し込む権利が得られるはずだった。

　しかし平成29年12月、会社は「今後有期契約期間の上限は5年とする」旨の条項を含む契約書を労働者と毎年取り交わしていたことを理由として、「次年度以降の雇用契約は更新しない」と通達した。同社は裁判においても同様の主張をしたものだが、他方、労働者はその内容でも署名押印しなければ契約が更新できず、受け入れざるを得なかったとし、同社のやり方は無期転換申込権を認めた改正労働契約法の趣旨を没却するなどとして無効だと主張した。

　労働契約法改正を契機として、平成25年4月1日以降の雇用契約書には平成30年3月31日以降は契約を更新しない旨の不更新条項を記載した事案であり、雇用契約が長期間、多数回更新されていたことが重視されたと考えられる。

第2問

小問　(1)──────────────────

I　模範解答例及び出題の趣旨と配点

模範解答例

「結論」　(ア)(「受任できる」)

「理由」　特定社会保険労務士甲は、Ａ社の顧問であり、Ｂ社の元従業員Ｃから依頼された、Ｂ社に対する個別労働関係紛争の解決の促進に関する法律に基づくあっせん手続の代理人は、Ａ社を相手方とする内容の紛争ではない。具体的には、Ａ社は、Ｂ社が51％を出資する子会社となったものの、Ａ社は独自の人事制度を維持しており、両者の間で従業員の交流はない。また、甲は、Ｂ社に関係する業務を一切行っていない。こうした事情に鑑み、Ａ社とＢ社は別会社であり、甲がＣからの依頼を受けても、Ａ社に対する信義誠実等に違反することはない。　　　　　(247字)

出題の趣旨と配点

　開業の特定社会保険労務士甲は、Ａ社の顧問としてＡ社の従業員に関し、労働社会保険諸法令に基づく書類作成事務などを行っている。Ａ社は、昨年、大口取引先のＢ社から出資を受け入れ、Ｂ社が51％を出資する子会社となった。Ａ社は、Ｂ社の子会社となったのちも、独自の人事制度を維持しており、両者の間で従業員の交流はない。また、甲は、Ｂ社に関係する業務を一切行っていない。

　このような事実関係の下、甲は、Ｂ社の元従業員Ｃから、Ｂ社に対するあっせん手続申請の代理人となって欲しいと依頼された。

　甲は、この依頼を受任することができるかを問う出題であり、(ア)「受任できる」又は(イ)「受任できない」の結論を解答用紙の結論欄にカタカナの記号で記入し、その理由を250字以内で記載を求めるものである。

　本問は、子会社を依頼者としている特定社会保険労務士が、親会社を相

手方とする紛争解決手続代理業務を受任することについて、社会保険労務士法上の可否を問うものである。甲は、Ａ社の顧問であって、Ｂ社の業務を一切行っておらず、Ａ社とＢ社とは別個の法主体であって別々の人事制度を有し従業員の交流もないところ、Ｃが依頼する事件はＡ社とは無関係であるから、社会保険労務士法22条２項各号の業務を行い得ない事件には直ちに該当せず、また、守秘義務に違反するような状況でもない。そのうえで、出資比率51％という親子会社関係をもってＢ社とＡ社を一体と評価し、社会保険労務士法22条２項を類推適用する余地があるかどうか、その余地がないとして、社会保険労務士に求められる公正性と誠実性（同法１条の２）や社会保険労務士の信用又は品位（同法16条）という観点から、同法上、なお受任が禁じられるかどうかを、具体的な事実関係を踏まえて考察することが求められる。（15点）

Ⅱ 論点整理

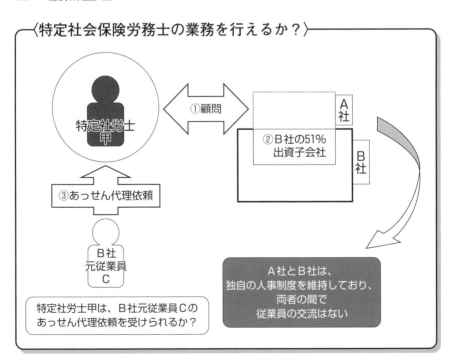

〈特定社会保険労務士の業務を行えるか？〉

①顧問

Ａ社

②Ｂ社の51％出資子会社

Ｂ社

特定社労士 甲

③あっせん代理依頼

Ｂ社 元従業員 Ｃ

特定社労士甲は、Ｂ社元従業員Ｃのあっせん代理依頼を受けられるか？

Ａ社とＢ社は、独自の人事制度を維持しており、両者の間で従業員の交流はない

Ⅰ　模範解答例及び出題の趣旨と配点

模範解答例

「結論」 （ア） （「受任できる」）

「理由」 特定社労士乙は、Ｄ社の外部の有識者からなる独立の調査委員会の委員に就任し、その活動の一環として、Ｄ社の従業員数名の事情聴取を担当し、Ｄ社は同調査委員の調査・検証の結果をまとめた報告書を公表した。乙は同委員としてＥに対し、調査の目的、及び、将来、Ｄ社による懲戒処分等の根拠に用いられる可能性があることを説明したにすぎない。報告書は公表されており、Ｅの回答は、秘密事項でなく、法律的な解決を求めるためにされたものでもなく、乙がＥの協議を受けて賛助したものでもない。よって、乙はＤ社の代理人になれる。　　　　（247字）

出題の趣旨と配点

　上場の大企業Ｄ社の主力工場で大規模な事故が発生し、工場で勤務していた従業員に複数の死傷者が出た。事態を重く見たＤ社は、独立・中立の立場からの調査・検証が必要であると考え、事故の原因を究明し責任の所在を明らかにするため、外部の有識者からなる独立の調査委員会を立ち上げることを公表した。

　特定社会保険労務士乙は、それまでＤ社とは一切かかわりはなかったが、労働災害や労働安全衛生に関する知見と経験を買われ、Ｄ社から依頼されて調査委員会の委員に就任し、その活動の一環として、事故のあった工場に勤務していたＤ社の従業員数名の事情聴取を担当した。数週間後、調査委員会は調査・検証の結果をまとめた報告書をＤ社に対して提出し、Ｄ社はこれを公表した。

　Ｄ社の従業員Ｅは、事故当時、事故のあった工場で労務課長を務めており、乙の事情聴取を受けた。事情聴取に際し、乙は、Ｅに対し、調査の中立性・公正性を担保する目的で社外の人間が事情聴取を行うこと、及び、事情聴取の内容はＤ社に報告され、将来、Ｄ社による懲戒処分等の根拠に

用いられる可能性があることを説明した。

　調査報告書において、Eは、名前を伏せた形であるが、労働災害の発生を防止するために適切な安全教育及び救護訓練を実施すべき立場にあったにもかかわらず、これを怠ったことが、災害の発生及び拡大の原因の1つとなったと指摘された。

　その後、D社は、調査報告書をもとに事故の責任を負うべき者として、役員を含む関係者数名に対し懲戒等の処分をしたが、その中で、Eは、降格処分（懲戒）となった。

　Eは、懲戒を不服として、その撤回を求め、労働局に個別労働関係紛争の解決の促進に関する法律に基づくあっせんを申請した。申請書において、Eは、「会社から独立・中立した調査委員会の委員による事情聴取だったので、包み隠さずすべて正直に話をしたのであり、にもかかわらず、会社がそのような聴取内容を利用して懲戒することには到底納得できない。」と記載している。

　このような事実関係の下、乙は、D社から、Eが申請したあっせん手続の代理人になることを依頼された。

　乙は、この依頼を受任することができるかを問う問題であり、（ア）「受任できる」又は（イ）「受任できない」の結論を解答用紙欄の結論欄にカタカナの記号で記入し、その理由を250字以内で記載することを求めるものである。

　Eが申請したあっせんの対象事件は、独立の調査委員会の委員として乙が行った事情聴取の結果に基づきD社が行った懲戒の撤回である。従って、本問における主たる争点は、D社から依頼された事件（あっせんの対象事件）が、社会保険労務士法22条2項2号の「紛争解決手続代理業務に関するものとして相手方の協議を受けた事件で、その協議の程度及び方法が信頼関係に基づくと認められるもの」に該当し、業務を行い得ない事件となるかどうかである。事情聴取に関する具体的な事実関係をもとに、乙によるEの事情聴取について「その協議の程度及び方法が信頼関係に基づくと認められる」かどうかを考察することが求められる。

　仮に、D社から依頼された事件が業務を行い得ない事件に該当しないと

して、社会保険労務士法22条2項2号の趣旨に照らし、社会保険労務士に求められる公正性と誠実性（同法1条の2）や、社会保険労務士の信用又は品位（同法16条）という観点から、同法上、なお、この事件を受任することが禁じられるかどうかも考察することが望ましい。

　なお、事情聴取に際して、乙は、Eに対し、聴取内容がD社に報告され、将来、懲戒等の根拠に用いられる可能性があることを説明しているから、もし乙について守秘義務違反を指摘するのであれば、どのような情報につき、なぜ違反があると考えるのかを具体的に記述することが必要である。

　本問に関連する参考判例として、最高裁第一小法廷令和4年6月27日決定（許可抗告事件）及びその原審の大阪高裁令和3年12月22日決定がある。（15点）

Ⅱ　論点整理

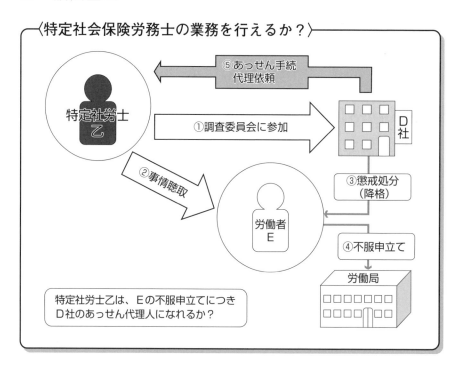

〈特定社会保険労務士の業務を行えるか？〉

⑤あっせん手続代理依頼

特定社労士乙

①調査委員会に参加

D社

②事情聴取

労働者E

③懲戒処分（降格）

④不服申立て

労働局

特定社労士乙は、Eの不服申立てにつきD社のあっせん代理人になれるか？

コメント

　以下、弁護士の事案ですが、設問と同様な事案において、訴訟代理人となることができるとした最高裁判例があるため紹介しておきます。

◆訴訟代理人による訴訟行為の排除を求める申立て却下決定に対する抗告審の取消決定に対する許可抗告事件（最決　令4.6.27）

【事案】

　会社法423条1項に基づく損害賠償請求訴訟において原告の設置した取締役責任調査委員会の委員であった弁護士が原告の訴訟代理人として行う訴訟行為を弁護士法25条2号及び4号の類推適用により排除することはできないとされた事例である。　　　　　　　　　　（最高裁判所裁判集民事より）

【判旨】

　株式会社である原告の設置した取締役責任調査委員会により、原告の取締役であった被告に対する事情聴取が行われた後、原告が、被告に対し、上記委員会の委員であった弁護士を訴訟代理人として、会社法423条1項に基づく損害賠償責任を追及する訴訟を提起した場合において、上記委員会が被告の上記責任の有無等を調査、検討するために設置されたものであるなど判示の事実関係の下では、上記訴訟において上記弁護士が原告の訴訟代理人として行う訴訟行為について、弁護士法25条2号及び4号の類推適用があるとして、これを排除することはできないとされた。

（最高裁判所裁判集民事より）

【説明】

（1）弁護士法25条2号及び4号の趣旨、訴訟行為の排除に関する判例

ア　弁護士法25条は、弁護士の職務の公共性に鑑み、その職責に反する典型的な事件を各号に掲げて、これらの事件については、職務を行ってはならないとしている。同条2号は「相手方の協議を受けた事件で、その協議の程度及び方法が信頼関係に基づくと認められるもの」とするが、その趣旨は、先に当該弁護士を信頼して協議した相手方の信頼を裏切ることによる弁護士の品位の失墜を防止すること等にあるとされる。同号にいう「相手方の協議を受けた」とは、当該具体的事件の内容について

法律的な解釈や解決を求める相談を受けたことをいい、「協議の程度及び方法が信頼関係に基づく」とは、協議を受けた当該具体的事件について、相談者が希望する一定の結論を擁護するための具体的な見解を示したり、法律的手段を教示したりすることや依頼を承諾することに匹敵するほどの信頼関係に基づくことをいう。また、同条4号は「公務員として職務上取り扱った事件」とするが、公務員のうち裁判官についての同号の趣旨は、裁判官は当該事件の内容を当事者双方から知悉することができ、退官後にこれを利用して事件を行うことによる弁護士の品位の失墜を防止すること等にあるとされる（日本弁護士連合会調査室編著『条解弁護士法〔第5版〕』201、202、211〜215、220、221、224頁）。

イ　弁護士法25条違反の訴訟行為の効力については、同法又は訴訟法上直接の規定がなく、古くから議論があったが、最大判昭38.10.30民集17巻9号1266頁、本誌〔判例時報〕352号6頁が異議説（弁護士法25条違反の訴訟行為について、相手方に異議権ないし責問権を認め、異議ないし責問がなければ、同訴訟行為を有効とする説）を採用することを明らかにし、最一小決平29.10.5民集71巻8号1441頁、本誌2361号48頁は、弁護士法25条1号違反の訴訟行為について、相手方である当事者は訴訟行為を排除する旨の裁判を求める申立権を有するとした。他方で、最二小決令3.4.14民集75巻4号1001頁、本誌2509号12頁は、弁護士の訴訟行為が日本弁護士連合会の会規である弁護士職務基本規程57条に違反するにとどまるときは、同条が弁護士法25条1号と趣旨を同じくするとしても、相手方である当事者は、弁護士職務基本規程57条違反を理由として、裁判所にその行為の排除を求めることはできないとした。

（2）本件各訴訟行為についての検討

ア　本件責任調査委員会の名称、設置目的等に照らせば、本件各回答が、A弁護士らの独立性等に対する特別な信頼に基づくものであるとしても、それは、調査が公平にされることについての信頼にとどまり、本件責任調査委員会の委員であるA弁護士らに対して本件不祥事について法律的な解決を求めるためにされたに等しいということはできないし、また、A弁護士らが裁判官と変わらない立場にあったということもできな

い。原決定は、弁護士法25条2号及び4号の趣旨を過度に抽象化してその妥当範囲を拡張したものといわざるを得ず、本決定も、同様の考えから、本件各訴訟行為について、弁護士法25条2号及び4号の類推適用を否定したものと思われる。

イ　なお、本決定は、訴訟行為の排除の判断における弁護士法25条の解釈の在り方として「みだりに拡張又は類推して解釈すべきではない」としている。これは、訴訟行為の排除は、弁護士法25条の実効性を確保する観点から有用といえるが、他方で、訴訟手続の安定、訴訟経済を害するおそれがあること、依頼者は訴訟代理人弁護士の変更を余儀なくされるなどの不利益を被ること等が考慮されたものであり、訴訟行為の排除が認められる場面が限定的であることを示唆するものといえるように思われる。

（判例時報2543・2544号、2023年、48～49頁より）

※職務を行い得ない事件

参考 弁護士法（第25条　抜粋）

第25条　弁護士は、次に掲げる事件については、その職務を行つてはならない。ただし、第3号及び第9号に掲げる事件については、受任している事件の依頼者が同意した場合は、この限りでない。

二　相手方の協議を受けた事件で、その協議の程度及び方法が信頼関係に基づくと認められるもの

四　公務員として職務上取り扱つた事件

第4欄〔第1問・小問(4)〕

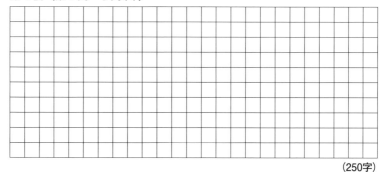

（250字）

第5欄〔第1問・小問(5)〕

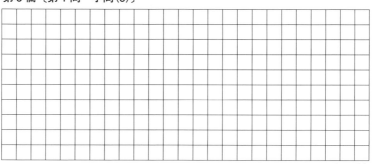

（250字）

第6欄〔第2問・小問(1)〕
結論

第6欄〔第2問・小問(1)〕
理由

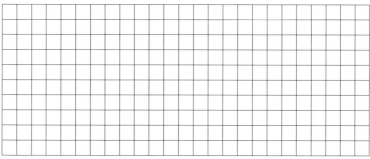

（250字）

第 7 欄〔第 2 問・小問(2)〕
結論

第 7 欄〔第 2 問・小問(2)〕
理由

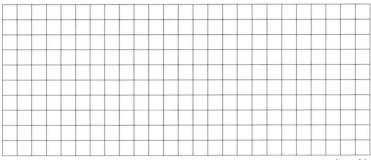

（250字）

216

紛争解決手続代理業務試験問題
（令和５年11月25日実施）

第19回　紛争解決手続代理業務試験問題

（注　意）

1. 係員の指示があるまで、この問題用紙を開かないでください。
2. 別に配付した解答用紙（その１）及び解答用紙（その２）の該当欄に、試験地、８ケタの受験番号（※特別研修の受講番号ではありません。）及び氏名を必ず記入してください（受験番号や氏名の記入のないものは採点しません。）。
3. 試験時間は、２時間です。
4. 試験問題は、記述式です。
5. 問題の解答は、所定の解答用紙に記入してください。所定の解答用紙以外の用紙に記入した解答は、その部分を無効とします。また、解答用紙の試験地、受験番号及び氏名欄以外の箇所に、特定の氏名等を記入したものも、無効とします。
6. 解答用紙への解答の記入は、黒インクの万年筆又は黒インクのボールペン（ただし、インクが消せるものを除きます。）を使用してください。修正する場合は、二重線で消し、訂正してください（修正液は使用不可）。
7. 解答に当たっては、参考書、六法全書等の閲覧は一切認めません。
8. 鉛筆、消しゴム等の筆記具及び筆箱は鞄等にしまって足下においてください。また、携帯電話及びウェアラブル端末等の通信機器類についても、必ず電源を切って鞄等にしまって足下においてください。
9. 解答用紙は書損じ等による追加配付、取替はしません。
10. 試験時間中に不正行為があった場合、受験は直ちに中止され、その解答は無効なものとして取り扱われます。
11. 試験問題に関する質問には、一切お答えしません。
12. 試験問題は、試験時間終了後、持ち帰ることができます。途中で退室する場合には、持ち帰ることができません。

第1問 別紙1、2記載のX及びY社の「言い分」に基づき、以下の小問
（1）から小問（5）までに答えなさい。

小問（1） 本件において、特定社会保険労務士として、Xを代理して、Xの立場に立って、本件退職願の取消しを主張し、Xを申請人、Y社を被申請人として「個別労働関係紛争の解決の促進に関する法律」に基づき都道府県労働局長にあっせん申請（以下「本件手続」という。）をするとして、当事者間の権利関係を踏まえて記載するとした場合の「求めるあっせんの内容」（訴状の場合に記載する請求の趣旨的なもの）は、どのようになりますか。解答用紙第1欄に記載しなさい。ただし、遅延損害金の請求は除くものとする。

小問（2） 特定社会保険労務士として、Xを代理して、Xの立場に立って、本件手続を申請し、XのY社に対する退職の意思表示がXの取消しにより無効となり、Xは依然としてY社の従業員であることを主張する場合、それを法的に根拠づける主張事実の項目を簡潔に箇条書きで5項目以内にまとめて（例えば、「①Y社の行ったXに対する懲戒処分は、就業規則の定めに該当しない事由であり無効であること。」等の要領）、解答用紙第2欄に記載しなさい。

小問（3） 特定社会保険労務士として、Y社を代理して、Y社の立場に立って、本件手続において、適法に退職が成立していると主張する場合、それを法的に根拠づける主張事実の項目（Xの主張に対する反論の主張事実も含む。）を簡潔に箇条書きで5項目以内にまとめて（例えば、「①XのY社の退職は就業規則の定める休職期間の満了によるものであること。」等の要領）、解答用紙第3欄に記載しなさい。

小問（４）　本件事案について、双方の主張事実や本件事案の内容等を踏まえて、本件退職の意思表示の取消しの効力について考察し、その法的判断の見通し・内容を、解答用紙第４欄に250字以内で記載しなさい。

小問（５）　本件事案について、Ｘの代理人である、特定社会保険労務士として、前記の「法的判断の見通し」を踏まえ、かつＹ社側の主張事実も考慮し、本件紛争の妥当な現実的解決を図るとした場合、どのような内容を考えますか。解答用紙第５欄に250字以内で記載しなさい。

【参考条文】

＜民法＞

（錯誤）

第95条　意思表示は、次に掲げる錯誤に基づくものであって、その錯誤が法律行為の目的及び取引上の社会通念に照らして重要なものであるときは、取り消すことができる。

一　意思表示に対応する意思を欠く錯誤

二　表意者が法律行為の基礎とした事情についてのその認識が真実に反する錯誤

2　前項第二号の規定による意思表示の取消しは、その事情が法律行為の基礎とされていることが表示されていたときに限り、することができる。

3　錯誤が表意者の重大な過失によるものであった場合には、次に掲げる場合を除き、第一項の規定による意思表示の取消しをすることができない。

一　相手方が表意者に錯誤があることを知り、又は重大な過失によって知らなかったとき。

二　相手方が表意者と同一の錯誤に陥っていたとき。

4　第一項の規定による意思表示の取消しは、善意でかつ過失がない第三者に対抗することができない。

第2問 以下の**小問（1）**及び**小問（2）**に答えなさい。

小問（1） 開業の特定社会保険労務士甲は、地元の商工団体が主催する立食パーティーに参加した。パーティーには多数の商工事業者が出席しており、甲は、人脈を広げようと、知らない人にも次々と挨拶して名刺を交換していた。その中で、初対面のＡ社代表取締役Ｂとも名刺を交換し、ごく短時間、立ち話をした。Ｂとの会話の内容は、次のようなものであった。

　　Ｂ：「半年ほど前、当社は従業員を１人解雇したのですが、先日、その元従業員から、解雇は違法だから損害を賠償しろという文書が内容証明郵便で送られてきたのです。甲さんは、そのような事件を取り扱っていますか。」

　　甲：「法律上、裁判の代理人などはできないのですが、元従業員の方が労働局にあっせんを申し立てた場合には、会社側の代理人として対応することができます。」

　　Ｂ：「そうですか。もしそのようなことになったら、ご連絡させていただきますので、ぜひよろしくお願いします。」

　　甲：「わかりました。こちらこそよろしくお願いします。」

　　その後しばらくして、甲は、知人の紹介で、Ｃから相談を受けた。Ｃの相談内容は、Ａ社から不当に解雇されたので、労働局にあっせんを申し立てたいが、自分ひとりでは不安なので、代理人になってほしい、というものであった。

　　法律に照らし、甲は、Ｃの依頼に応じ、Ｃの代理人としてＡ社に対しあっせんを申し立てることができるか。（ア）「申し立てることができる」又は（イ）「申し立てることはできない」の結論を解答用紙第6欄の結論欄にカタカナの記号で記入し、その理由を250字以内で記載しなさい。

小問（2） 開業の特定社会保険労務士乙は、Ｄ社の従業員で現在は育児休業中のＥから依頼を受け、代理人として、育児休業、介護休

業等育児又は家族介護を行う労働者の福祉に関する法律第52条の５第１項に基づく調停を労働局に申し立てた。Ｅは、Ｄ社との間で育児休業明けの復職先について相談していたところ、もともと課長職であったにもかかわらず、Ｄ社から、すでに別の者がＥの後任として着任済みなので、Ｅが復職する場合には、別の部署に異動したうえで課長代理となると言われたことから、調停においては、従前どおりの部署で課長職に戻すことを求めている。

　乙はＥの代理人として調停の第１回期日に出頭し意見を述べたが、Ｄ社は主張を譲らず、合意に至らなかった。ただし、Ｄ社の求めによって調停手続は続行となり、約１カ月後に第２回期日が設定された。

　第１回期日の直後、乙は、Ｄ社の代表者から電話で、「復職する場合の条件は変えられないが、もしＥが自発的に退職してくれるのであれば、相当額の金銭を支払って解決する用意がある。ついては、報酬として30万円を支払うので、Ｄ社の代理人として、Ｅをその方向で説得してくれないか。」という申し出を受けた。

　乙は、その場で即答せず、ただちに電話を切ったうえで、すぐにＥと連絡をとり、Ｄ社代表者からの上記申し出をそのまま正確に伝えた。すると、Ｅは、「実は、第１回期日におけるＤ社の頑なな態度を見て、私も、お金を支払ってもらえるなら退職してもいいかなと思っていたところです。その前提でＤ社と金額の交渉をしてくれませんか。Ｄ社の代理人にもなっていただいて結構です。乙さんも、両方から報酬がもらえて得ですよね。」と答えた。

　法律に照らし、乙は、Ｄ社の申し出に応じて同社の代理人となることができるか。（ア）「代理人となることができる」又は（イ）「代理人となることはできない」の結論を解答用紙第７欄の結論欄にカタカナの記号で記入し、その理由を250字以内で記載しなさい。

〔Xの言い分〕

1. 私は、当県内の地方銀行であるY社のK支店において融資課長をしております。当支店の地域は大手自動車工業の関連の部品製造業や組立工場などいわゆる中小企業の協力会社が多く、Y社の中では業績も良い活気に満ちた支店です。

　　私もこれらの工場を一日中回って経営者の方々と話を交わし、経営の状況や新規融資の必要、最近の企業支援制度の状況などについて何でも屋のようなコンサルタント的な仕事も行いつつ飛び回っています。

2. そこに、今年の6月の異動でY社に中途採用された信用組合の勤務経験のあるAという26歳の若手が私の担当する融資課に配属されました。そこで彼を何とかものにして一人前の地域密着型の金融マンとして、Y社の次世代を担う行員に仕上げたいと熱心に指導しました。

3. ところが、Aは配属後の6月から8月までの彼に対する私の指導状況に関し、私がAに対してパワーハラスメント（以下「パワハラ」という。）を行ったとしてY社本部のハラスメント通報窓口に通報したようです。そのため私は8月下旬からハラスメント委員会に呼び出され、事情聴取を受ける事態になりました。その結果委員会がまとめた私のパワハラの内容は別添（1）「ハラスメント委員会の認定した事実」（以下「パワハラ認定事実」という。）のとおりで間違いはありません。

4. 次に、前記「パワハラ認定事実」記載以降のことを申し上げます。

　　Aは、心療内科医院の診察を受け、「うつ病により2週間の休業加療を要する」との診断書を提出し、休業に入りましたが、さらにその後「1ヵ月の休業加療を要する」との診断書を提出して、休業期間を延長し長期休業を継続しています。

5．その後、ハラスメント委員会では、私のＡに対する言動をパワハラ行
為であると認定し、懲戒処分に相当するとして、Ｙ社に答申しました。

6．このハラスメント委員会の答申を受けて、本年9月19日に懲戒委員会
が開かれ、私も出席を求められ、一連の行動について弁明と調査が行わ
れました。私は、本件言動はＡがあまりにも銀行員として不適格であり、
初歩的なことも理解しておらず、顧客に対しても不誠実な対応なので、
自然ときつい叱責や態度となったものですが、彼をいじめたり、嫌がら
せをするつもりは全くなかった、早く一人前の行員に育てようと性急す
ぎたかもしれないと弁明しました。

7．翌日の9月20日に、Ｋ支店長（取締役）から呼ばれ面談しました。支
店長の話は以下のようなものでした。

　　　私も貴君の上司として懲戒委員会の委員として出席していたが、貴君
　　のＡに対する行為は、指導教育の限度を超えて、支店行員の前で叱責し
　　たり、「やめて実家の農業でもしろ」といった暴言を吐いたり、机を叩
　　いたり威嚇的な行動をしており、また頭を叩くなどの暴力的行為も行っ
　　ていることから、悪質との声が出ている。

　　　また、当行の人権重視の経営方針に反し部下をうつ病に罹患させる傷
　　害を与えたことも重視されている。

　　　そこで、処分案として厳しい懲戒解雇という意見も出ており、懲戒解
　　雇との結論になる可能性が高いので、そのような事態となると貴君の経
　　歴に傷がつき、当行を懲戒解雇になった者には再就職をあっせんするこ
　　とはできなくなってしまう。そこで、懲戒解雇処分などを受ける前に貴
　　君の方から退職願を出して、自己都合退職したらどうか。

　　　貴君の業績は行内でよく知られているので、自己都合退職すると関連
　　会社など再就職先には全く心配はない。

8．このような支店長の話を信じて、懲戒解雇処分になるなら支店長の言
うとおり自己都合退職した方が良いと考えて、懲戒解雇になるのでした

ら退職しますと述べ、Y社の定型退職願の用紙を用いて、自己都合退職願をその場で書いて支店長に提出しました。この時に支店長を通じてY社に提出した退職願は、別添（2）の「退職願（写し）」のとおりです。

9．ところがその翌日、同期入行で元人事部調査役であった同僚から心配して電話があり、専門家によく相談して支店長の話が本当か聞いた方が良い。新聞などではパワハラで懲戒解雇というのは余程ひどい暴力沙汰のケースのようだとアドバイスを受け、紹介された社会保険労務士の方に相談しました。そして、前記「パワハラ認定事実」の内容を話しましたところ、最近の判例の事案なども教えてくれて、パワハラでの懲戒解雇処分というのは、余程のひどいケースでないと認められていないので、私のケースなどでは到底懲戒解雇処分にはならないのではないかというお話がありました。

10．そこで、私は支店長から懲戒解雇処分になる可能性が高いといった言葉を聞き、それを信じて懲戒解雇になるなら支店長の言うとおり自己都合退職をした方が良いと思ったのですが、それは間違った情報に基づくもので、支店長のこのままでは懲戒解雇処分になりそうだとの発言は根拠のない誤りであることが分かりました。そして、その誤った事実を信じて退職願を出してしまったことに気づきました。そこで翌9月22日に出勤後直ちに支店長に対して口頭で、私の真意ではなかったので、取り消しますと伝えるとともに、本店の人事部へ提出した退職願を取り消すとの内容証明郵便を出し、同郵便は9月25日に到達しました。

11．Y社からの退職願の受理による退職承認の辞令は、9月22日に私の方に届いています。
　　しかしながら、私は退職願を取り消したことから、この退職承認の辞令は、私に対して効力はなく無効ですので、私は依然としてY社の行員の身分を保有しています。

12. そこで私は、人事部長に連絡してこのことを申し上げました。しかし人事部長は、退職承認の辞令は受理権限のある本部長の決裁を経たものであり、今さら、Xの退職願の提出は、K支店長の勧めを信じたもので、それは間違いであったなどとはY社としては認められない、貴君もパワハラ行為を甘くみてはいけないよ、と退職願の取消しは認めないと言われました。

13. 私は、このようなY社の取扱いには承服できませんので、直ちに当県労働局長に対し、Y社を被申請人として紛争解決手続の申請をお願いします。私の賃金は、基本給、職務手当、能力手当、住宅手当等を含め毎月の金額は、合計655,000円です。

　　また、Y社の賃金規則では、「賃金の支払いは、当月 1 日から末日までの分を翌月20日（その日が金融機関の休業日のときは翌日の営業日）に支払う」とされています。

14. とにかく、早く私の退職願の取消しの有効性と地位の確保のあっせん申請をしていただき、行員としての立場が確保されるよう、よろしくお願いします。

以上

別添（1）

ハラスメント委員会の認定した事実

時期	パワーハラスメントの内容となる事実
令和5年 6月中旬	1　XはAに対し、次のとおりパワーハラスメントを行った。Xは、同行訪問中Aに対して当支店管内は、工場が多く銀行員であっても顧客先の人には会う人毎に「こんにちは」「元気でやっていますか」など元気よく笑顔であいさつせよと指示した。 　それにも関わらず、Aは声を満足にかけられないので、Xは「若いんだから元気な声を出せ」「銀行は堅いと思われるので、にこやかにせよ」と注意し、「ネクタイなんか外へ出たら外せ」「本当は背広なんかでなくジャンパーで訪問せよ」と言い、「銀行員は身なりはきちんとすべきだ」というAに対し、Xは、無理矢理ネクタイを外させ、大声でのあいさつを必要以上に繰り返させた。
6月下旬	2　Aが支店内で顧客と貸付融資業務について相談対応中、要領を得ず、時間がかかっているので、Xも同席して業務を処理した。そして、顧客が帰った後で「簡単な融資相談もできないのか」「おまえは前の信組で何をやってきたのだ。融資業務には向いていないので業務サポートセンターの業務係にでも配転してもらえ」と大声で叱責した。
7月上旬	3　工場経営者が融資と弁済計画の相談に来店し、Aが対応したが、漠然と対応しており、返済計画についても明白に作成して示せないので、Xがかわって対応、処理した。 　後でAを応接室に呼び、「なぜきちんと融資関係のパンフレットや書類を十分に用意してテキパキと相談しないのか」と注意し、XはAの答えが要領を得なかったので、「経験者なら10分で済む話なのに何をもたもたしていたのだ」と大声で叱責、「仕事を何と心得ているのか」と感情的になり、机を叩いて怒鳴った。声が大きく、音がしたので、同僚の課長が応接室に心配して飛んで来た。

7月中旬	4　消費者ローンの回収、代位弁済の業務で顧客と対応中に、代位弁済書類が古い書式の方で説明しようとしていたので、来客者の前で「書類が違う！」「気をつけろ！」と大声で叱責した。
7月下旬	5　Xはひとりで外回りをするとAも立ち直るのではないかと考えてコロナウイルスまん延による経営不振で貸付金の返済が滞っている飲食店に貸金回収と追加融資の相談に行かせた。しかし、コロナ関連の融資金のことが適切にわかっていないのでうまく説明できず、追加融資の指導も成果を上げず帰ってきた。そこで、Aから説明を聞いている途中でXは声を荒げて「お前は銀行員として失格だ！」「銀行をやめて実家の農業でもしろ！」と、机をドンと叩いてAに注意した。
8月3日	6　Xが外出から帰ったときAは昼休みが終わって30分程度経っているのに居眠りをしていたので「仕事も満足に出来ないのに居眠りをするとは何事だ！」とAを目覚めさせる意味で軽く頭を叩いた。そして、Aが前日の消費者ローンの受付管理及び回収、代位弁済の処理という簡単な債権管理業務なのに時間がかかり、残業して処理していたことに触れ、「簡単な仕事なのに時間外労働をしてまで処理するから勤務中に眠ったりするのだ」ときつく注意して、「不要な残業代を銀行に返せ！」と強い口調で叱り、「君は仕事が遅い。もっとスピード感をもって仕事せよ！」と他の行員に聞こえるように大声で怒った。
8月上旬	7　Aは翌日の8月4日から休日をはさんで3日間の年休を申請して休み、その間心療内科医院の診断を受け、8月7日付の「うつ病により2週間の休業加療を要する」との診断書を提出して、休業に入った。

以上

別添（2）

退 職 願（写し）

　私儀、今般以下のとおり貴行を退職致したく願い出ます。

所属・氏名	K支店融資課長　X
退職の種類	自己都合退職
退職事由	自己都合の事情による
退職年月日	令和5年9月30日

　令和5年9月20日
　　　K支店融資課長　　　X

Y銀行頭取殿

別　紙　2

〔Y社の言い分〕

1．私は、Y社の人事部長です。今回のK支店の融資課長Xのパワーハラスメント（以下「パワハラ」という。）に伴う懲戒処分問題に関して、Xから提出された自己都合の退職願の受理及びその退職の意思表示の取消しに関する申請に伴う紛争問題について申し上げます。

2．Xは、当行K支店の融資課長をしていました。本年4月1日付で中途採用したAを6月1日付でK支店の融資課員としてXの部下として配属しました。Aは前職として某信用組合での勤務経験のあるところからK支店の融資課へ配属したものです。

3．ところが、8月上旬にAから本店のハラスメント通報窓口に、上司のXよりパワハラを受けたとして調査及び対応措置の申出がありました。

4．そこで、当行としては、Aの通報を受けて、その内容からみてハラスメント委員会（委員長は私）を開き、早速事実調査をいたしました。

5．ハラスメント委員会では、3回の委員会を開催し、本年9月12日に調査結果がまとまりました。委員会が調査し、認定した事実関係については、「ハラスメント委員会の認定した事実」（以下「パワハラ認定事実」という。）（別紙1「Xの言い分」の別添（1））のとおりです。

　このパワハラ認定事実にあるとおり、Xのハラスメント行為は指導教育に名を借りた悪質な行為であり、Aに対し肉体的精神的な被害を与え、その人権と名誉を侵害する行為であって、当行の就業規則第55条（懲戒処分該当行為）及びハラスメント防止規程（別添（1）及び（2））に定めるパワハラ行為に該当する言動を行った場合に該当し、しかも6月から8月に及ぶものであることが判明しました。そして、これは就業規則第54条（懲戒処分の種類及び程度）に定める懲戒処分該当行為への該

当性は明らかであると判断しました。

　そこで、ハラスメント委員会では、Xの行為は就業規則に定める禁止規定に違反し、懲戒処分が相当であるとの意見となりました。このため、本件を懲戒委員会に付議することとしました。

6．これを受けて、懲戒委員会（委員長は人事担当取締役本部長）を開催することになり、本年9月19日に第1回委員会を開催し、Xの出席を求めXより事実関係の調査を行いました。その結果X自身もまた前述のXの「パワハラ認定事実」の記載にある行為のとおりで間違いないとこれを認めました。

7．懲戒委員会では、Xの部下である融資課員として配属されたAに対して、Xは優越的な関係を背景としてパワハラ行為を行い、それによりAをうつ病に罹患させ、休業療養が必要な被害を与えるに至ったこと、及びXの行為が当行の企業秩序を乱し、ハラスメント防止規程に違反することを認定しました。

　また、当行では毎年のように、本店より講師を派遣し、各支店においてハラスメント研修を行い、各種ハラスメントは人権侵害であり、あってはならない行為であると教育に努めております。また特に当行の事情としては、コンプライアンスポリシーとして「企業活動におけるＳＤＧｓと人権尊重」を掲げ、地域におけるリーダー的企業の立場上、人権尊重の企業としてもＫ市商工会議所（会頭は当行の頭取）の「企業活動におけるＳＤＧｓと人権問題委員会」というまさにパワハラ等への対応を含む担当委員会の委員長を当行の人事担当役員の本部長がつとめております。それにも関わらずXは当行の人権尊重のポリシーに反するようなことを行い、また部下のAをうつ病で休業させるに至るという被害を与えたということで、当行の立場上、人権侵害行為には厳しく対応すべきで、懲戒委員会ではXを懲戒解雇処分に処するべきではないかとの厳しい意見も出ました。懲戒処分の内容については、過去の事例や社会的な相場、判例などを慎重に検討して次回に協議することとなりました。

8. 懲戒委員会のメンバーの中に、Xの直属の上司であるK支店長（取締役）も加わっておりました。

　　K支店長は、直接の上司という立場もあってか委員会の席上では特に発言はしませんでした。

9. 私は、パワハラ事案についての懲戒処分の状況について事務方として調べておく必要がありましたので、当行顧問の弁護士に相談したところ、Xについての「パワハラ認定事実」に記載されている行為では、最近の判例などからみてパワハラでの懲戒解雇処分には慎重・厳格な判断を要するとされており、解雇までの処分は無理ではないだろうか、と言われました。なお、当行のコンプライアンスポリシー等地域リーダー企業としての従来からの人権尊重の企業ポリシーやハラスメント教育に熱心に取り組んでいる立場も懲戒処分の判断にあたっては考慮すべき事由にはなりうるだろう、とも言われました。

10. ところが、第2回目の懲戒委員会が開催される前の9月20日に本人から9月末日をもって自己都合退職する旨の退職願が出されてきました。

　　また、Xの上司であるK支店長からも電話があり、万一懲戒解雇などの処分になると本人の経歴に傷がつき、Xの将来にも関わるものであり、取り返しがつかない。そこで、Xの銀行マンとしての力を関連会社で活かしたいので本人を説得して自主退職を勧め、本人も、懲戒解雇になるのでしたら退職しますと述べて退職願を提出したというものでした。

11. そこで、私は直ちに退職願の受理権限者であり、かつ懲戒委員会の委員長である人事本部長と協議し、K支店長のこのXに対する対応を了承し、ここはXの自己都合退職扱いで一件落着とすることとしました。

12. 当行としては、Xからの自己都合退職願を受理し、本年9月末日付で退職とする旨決定し、退職承認の辞令を本人に送付し、退職金の支払い手続や社会保険等の退職手続を進めることにしました。退職承認の辞令

は内容証明郵便により9月22日にXに到達しています。

13. ところが、9月22日XよりK支店長に対し、「あの退職願の提出は間違いだった。支店長の話などから懲戒解雇されるものと信じて自己都合退職願を提出したものであるが、専門家の意見などを聞いたところでは、あの程度のパワハラでは懲戒解雇処分にはならないはずだ。私は、K支店長の言葉を信じて退職願を出しましたが、それは、間違いだったので取り消す。」という申出があったというものです。Xからは、退職願を取り消す旨の内容証明郵便による通知が9月25日に到達しています。

　しかし、Xのパワハラ行為は前述のとおり軽いものではありません。そこでK支店長は、Aに対するハラスメントの内容や本人の将来のことも考えた上で、これがY社とX本人の双方の立場からみて円満な解決であると考えて自己都合退職を勧めたものと思います。またそれは当行としても同意見ですので、退職願についてはその取消しを認める意思はありません。

14. Xの主張する月例賃金等の金額については、「Xの言い分」のとおりです。

以上

別添（１）

Ｙ社就業規則（抜粋）

（懲戒処分の種類及び程度）

第54条　従業員が、第55条の各号に該当する行為を行った場合には、当該事案の内容・情状等を勘案して次の各号の一に該当する懲戒処分に処する。

なお、処分は併科することがある。

① 譴　　責　　始末書を提出させて、将来を戒める。

② 減　　給　　始末書を提出させて、将来を戒めるとともに賃金を減ずる（労基法第91条の範囲）。

③ 出勤停止　　始末書を提出させて、将来を戒めるとともに、7労働日以内の期間を定めて出勤を停止し、その期間の賃金は支払わない。

④ 降　　格　　始末書を提出させて、将来を戒めるとともに、職位を解任もしくは引き下げ、又は職能資格制度上の資格・等級を引き下げる。

⑤ 諭旨解雇　　懲戒解雇相当の事由がある場合で本人が始末書を提出し、反省が認められるときは、本人を説諭し、諭旨解雇に止めることがある。この場合は、状況を勘案して退職金の一部を支給することがある。

⑥ 懲戒解雇　　予告期間を設けることなく即時解雇する。ただし、労基法第20条1項ただし書の定める解雇予告除外事由が認定されたときには、解雇予告手当を支給しない。

懲戒解雇となった者には、原則として、退職金は支給しない。

（懲戒処分該当行為）

第55条　前条の懲戒処分事由に該当する行為は、次のとおりとする。

（略）

第12号　ハラスメント防止規程に定めるハラスメント行為に該当する言動を行った場合

（略）

第18号　その他前各号に準ずる行為

ハラスメント防止規程（抜粋）

<第6条>職場におけるパワーハラスメントとは、次の言動をいう。

　　職場において行われる①優越的な関係を背景とした言動であって、②業務上必要かつ相当な範囲を超えたものにより、③労働者の就業環境が害されるものであり、①から③までの要素を全て満たすものをいい、具体的には次の（1）〜（7）の行為をいう。

（1）身体的な攻撃（暴行・傷害・殴打、足蹴り、物の投げつけ等）

（2）精神的な攻撃（脅迫・名誉棄損・侮辱・暴言、嫌がらせ、いじめ、威嚇等）

（3）人間関係からの切り離し（隔離・仲間外し・無視・孤立させること等）

（4）過大な要求（業務上明らかに不要なことや遂行不可能なことの強制・仕事の妨害・未達成業務への厳しい叱責等）

（5）過小な要求（業務上の合理性なく能力や経験とかけ離れた程度の低い仕事を命じること・嫌がらせによる仕事や仕事を与えないこと等）

（6）個の侵害（私的なことに過度に立ち入ること・職場外を含む継続的監視・本人の性的指向・性自認等や病歴、不妊治療等の機微な個人情報につき他の労働者に暴露すること等）

（7）その他前各号に準ずる行為

〈あっせん事例〉模範解答例と解説

Ⅰ 模範解答例及び出題の趣旨と配点

第1問

小問 （1）

模範解答例

① Ｘが、Ｙ社に対し、雇用契約上の権利を有する地位にあることを確認すること。

② Ｙ社は、Ｘに対し、令和5年11月から毎月20日限り、金655,000円を支払うこと。

出題の趣旨と配点

　Ｘの立場に立って、特定社会保険労務士としてＸを代理し、Ｘの退職願の取消しの有効を主張し、Ｘを申請人、Ｙ社を被申請人として「個別労働関係紛争の解決の促進に関する法律」に基づき都道府県労働局長にあっせん申請（以下「本件手続」という。）をするとして、当事者間の権利関係を踏まえて記載するとした場合の「求めるあっせんの内容」（訴状の場合に記載する請求の趣旨的なもの）の記載を問う出題である。

　解答にあたっては、本問が退職の意思表示の錯誤による取消しを理由として「労働契約上の地位」の確認という法的構成による請求を求めているので、「求めるあっせんの内容」は、訴状の「請求の趣旨」のように、ＸのＹ社に対する地位確認の請求の記載と、それに基づく賃金請求の記載を求めるものである。（10点）

コメント

　労働者は、「労働契約上の地位」の確認という法的構成による請求を求めています。このため、労働者としての地位確認を求めることと、退職したとして支払いがされていない賃金につき、従前どおりの金額と支払い時期に支払いを求める内容になります。

本件の場合、「賃金の支払いは、当月１日から末日までの分を翌月20日（その日が金融機関の休業日のときは翌日の営業日）に支払う」とされており、Ｘは令和５年９月30日をもって自己都合により退職する旨をＹ社が承諾したため、９月分の給料は、翌10月20日に支払われます。よって、令和５年11月20日に支給される給料からの支払いを請求すればよいことになります。

小問 （２）

模範解答例

①Ｙ社のハラスメント委員会では、ＸのＡに対する言動をパワハラ行為であると認定し、懲戒処分に相当するとして、Ｙ社に答申したこと。

②ＸはＫ支店長から、懲戒解雇との結論になる可能性が高いので、そのような事態になるとＸの経歴に傷がつき、Ｙ社は再就職をあっせんすることはできなくなってしまうため、懲戒解雇処分などを受ける前に、自己都合退職した方が良いことを勧められたこと。

③ＸはＫ支店長の話を信じて、懲戒解雇処分になるなら支店長の言うとおり自己都合退職した方が良いと考えて、「懲戒解雇になるのでしたら退職します」と動機の意思表示をして、Ｙ社の定型退職願の用紙を用いて、自己都合退職願をその場で書いて支店長に提出したこと。

④Ｘの「パワハラ認定事実」では到底懲戒解雇処分にならないにもかかわらず、Ｋ支店長の根拠のない助言を信じ、その誤った事実を前提として退職願を出してしまったこと。

⑤Ｘは、９月22日に出勤後直ちにＫ支店長に対して口頭で、私の真意ではなかったので、取り消しますと伝えるとともに、本店の人事部へ提出した退職願を取り消すとの内容証明郵便を出し、同郵便は９月25日に到達していること。

出題の趣旨と配点

特定社会保険労務士として、Ｘを代理して、Ｘの立場に立って、本件手続を申請し、Ｘが支店長に勧められてＹ社に提出した退職願は錯誤に基づ

く意思表示であり、その取消しを通知した意思表示は有効であると主張する場合、それを根拠づける主張事実の項目を簡潔に箇条書きで5項目以内にまとめて、記載することを求める出題である。

　解答にあたっては、本問は民法第95条（問題文末尾に同条文の掲載あり）の意思表示の錯誤の主張であるから、①錯誤の前提事情、②錯誤の動機の形成、③支店長の言葉を信じ懲戒解雇を避けるという動機の表示、④それを信じXが行った退職の意思表示（退職願の提出）は、その前提とした重要な事情（支店長の自己都合退職の勧奨）が真実に反する錯誤によるものであること、⑤そのため本件退職の意思表示は錯誤に基づくものであるため、取消しの通知を行ったこと、等の要件事実を簡潔に記載を求めるものである。（20点）

小問（3）

模範解答例

①Y社のハラスメント委員会は、XがAに対して行った行為を、パワハラと認定したこと。

②Xは優越的な関係を背景として、Aを大声で叱責したり、感情的になり、机を叩いて怒鳴ったりと、6月中旬から8月3日までの間、反復継続してパワハラ行為を行い、それによりAをうつ病に罹患させ、休業療養が必要な被害を与えるに至ったこと、及びXの行為がY社の企業秩序を乱し、ハラスメント防止規程に違反すること。

③9月20日に、X本人から9月末日をもって自己都合退職する旨の退職願が出されたこと。

④Y社はXからの自己都合退職願を受理し、退職承認の辞令は内容証明郵便により9月22日にXに到達していること。

⑤Xのパワハラ行為は悪質であることを本人も認めており、自己都合退職の意思表示に動機の錯誤はないこと。

出題の趣旨と配点

　特定社会保険労務士として、Y社を代理して、Y社の立場に立って、本

件手続においてXからの退職願の提出による退職の意思表示が有効であり、適正に受理したものであって、X・Y社間の労働契約関係が適法に終了したと主張する場合、それを根拠づける主張事実の項目（Xの主張に対する反論の主張も含む。）を簡潔に箇条書きで5項目以内にまとめて記載することを求める出題である。

解答にあたっては、Y社の主張として、本件Xが自ら行った部下のAに対するパワーハラスメント行為が、Aをうつ病により、休業療養が必要な被害を与える悪質・重大な加害行為で、懲戒解雇に値するとの可能性が高いという懲戒委員会の審議の状況から、支店長の自己都合退職の勧奨は真実に反するものではなく、Xからの退職願は真意による意思表示であり、Y社はこれを受理したものであって、適法な受理であり、本件退職は有効に成立しているとの主張事実を簡潔に摘示して記載することを求めるものである。（20点）

小問 （4）

模範解答例

Xは上司として、中途採用の若手Aを熱心に指導した結果、Aはうつ病に罹患し、Xの行為は、Y社のハラスメント委員会で懲戒処分に該当するパワハラ行為と認定された。その後、XはK支店長から、懲戒解雇処分になる前に、自己都合退職した方が良いとの勧めを受け、それを信じて、退職の意思表示をしたが、専門家の意見を聞いたところ、本件において懲戒解雇は、その合理性や社会通念上、相当性を欠く誤りであったことが判明した。よって本退職の意思表示は、法律上の目的において、重要な部分の動機の錯誤であり取消しは有効である。　　　　　　　　　　　　（248字）

出題の趣旨と配点

本件事案について、双方の主張事実やその前提となる事実関係の内容等を踏まえて、Xの主張する本件自己都合退職の錯誤による取消しの効力について考察し、その法的判断の見通し・内容について250字以内での記載を求める出題である。

　解答にあたっては、一方の主張だけでなくＸ、Ｙ社双方の主張それぞれについて検討し、①本件事案から、懲戒解雇についてその合理性や社会通念上の相当性を考察し、その可能性が全くなく、②それを前提事情とする支店長の自己都合退職の勧奨を信じて提出した退職願が動機の錯誤をなすものか、当該動機が表示され意思表示の要件となっているか等についての考察を求めるものである。（10点）

コメント

　本解答では、労働者の立場に立って主張しましたが、当然、会社側の立場に立って主張することも可能です。その際、主張として外してはならない事柄は、「・Ａに対して行った行為が長期間かつ執拗なパワハラであり、うつ病を発症させたことを認めていること」、また、「・来客者の前でも構わず、Ａを大声で叱責し会社のイメージを低下させていること」、「・他の行員の前で、大声で叱責していること」に鑑み、従前と同じ部署で職務を行わせることは、顧客に対しても、従業員に対しても示しがつかず多大な問題があり、かつ、こうした情報は伝播性が高いことなどから、他の部署に配属されても事実はついて回ることになります。よって、Ｙ社が本件ハラスメント行為を懲戒解雇にすることは、就業規則の定めからしても客観的合理性があるため、Ｘの自己都合退職の判断には錯誤がなかったとの帰結を導いてください。

小問　（5）

模範解答例

　Ｙ社のハラスメント委員会が認定した、Ｘのパワハラ行為は、本人も自認するように事実ではあるが、懲戒解雇に相当するような重罰に処することは社会通念上妥当しない。よって、ＸがＫ支店長から勧められた、懲戒解雇を回避する目的でした自己都合による退職の意思表示は動機の錯誤であり、取消しが有効と考えられる。このため、Ｘの地位は保全される。ただし、企業秩序を保つ意味でも、当該パワハラ行為に対するＸへの減給、出勤停止等の何らかの懲戒処分は必要である。また、ハラスメントに関す

る研修の充実がＹ社の喫緊の課題である。 （249字）

出題の趣旨と配点

　本件事案について、Ｘの代理人である特定社会保険労務士として、本件「あっせん手続」において、Ｙ社側の主張事実も考慮し、かつ、「法的判断の見通し」を踏まえ、妥当な現実的解決を図るとした場合、どのような内容の提案を考えるかについて250字以内で記載を求める出題である。

　本問の解答にあたっては、小問（4）で考察した法的判断をもとにして和解解決を図るとした場合に、少なくともＹ社の「言い分」の別添（1）の「ハラスメント委員会の認定した事実」〔本書228－229頁〕に争いがない点も踏まえてどのような提案がＸとして、双方の主張や事実関係からみて具体的妥当な案として考えられるかについて、多様な解決案の提示とその考察を求めるものである。したがって、これらについて十分な考察を行わないで、Ｙ社がＸの復職要求に応じない場合には簡単に「金銭的解決による自己都合退職とする」といった解答では採点上の評価が低くなる。（10点）

Ⅱ 論点整理

〈「パワハラ」と「退職の意思表示の錯誤」〉

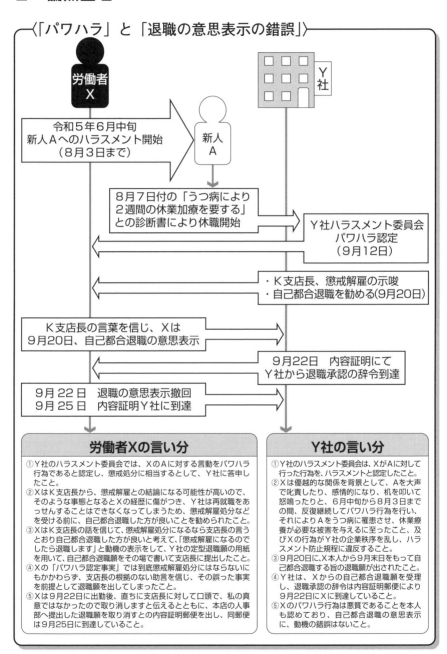

労働者
X

Y
社

令和5年6月中旬
新人Aへのハラスメント開始
（8月3日まで）

新人
A

8月7日付の「うつ病により
2週間の休業加療を要する」
との診断書により休職開始

Y社ハラスメント委員
会パワハラ認定
（9月12日）

・K支店長、懲戒解雇の示唆
・自己都合退職を勧める（9月20日）

K支店長の言葉を信じ、Xは
9月20日、自己都合退職の意思表示

9月22日　内容証明にて
Y社から退職承認の辞令到達

9月22日　退職の意思表示撤回
9月25日　内容証明Y社に到達

労働者Xの言い分

①Y社のハラスメント委員会では、XのAに対する言動をパワハラ行為であると認定し、懲戒処分に相当するとして、Y社に答申したこと。

②XはK支店長から、懲戒解雇との結論になる可能性が高いので、そのような事態となるとXの経歴に傷がつき、Y社は再就職をあっせんすることはできなくなってしまうため、懲戒解雇処分などを受ける前に、自己都合退職した方が良いことを勧められたこと。

③XはK支店長の話を信じて、懲戒解雇処分になるなら支店長の言うとおり自己都合退職した方が良いと考えて、「懲戒解雇になるのでしたら退職します」と動機の表示をして、Y社の定型退職願の用紙を用いて、自己都合退職願をその場で書いて支店長に提出したこと。

④Xの「パワハラ認定事実」では到底懲戒解雇処分にはならないにもかかわらず、支店長の根拠のない助言を信じ、その誤った事実を前提として退職願を出してしまったこと。

⑤Xは9月22日に出勤後、直ちに支店長に対して口頭で、私の真意ではなかったので取り消しますと伝えるとともに、本店の人事部へ提出した退職願を取り消すとの内容証明郵便を出し、同郵便は9月25日に到達していること。

Y社の言い分

①Y社のハラスメント委員会は、XがAに対して行った行為を、ハラスメントと認定したこと。

②Xは優越的な関係を背景として、Aを大声で叱責したり、感情的になり、机を叩いて怒鳴ったりと、6月中旬から8月3日までの間、反復継続してパワハラ行為を行い、それによりAをうつ病に罹患させ、休業療養が必要な被害を与えるに至ったこと、及びXの行為がY社の企業秩序を乱し、ハラスメント防止規程に違反すること。

③9月20日に、X本人から9月末日をもって自己都合退職する旨の退職願が出されたこと。

④Y社は、Xからの自己都合退職願を受理し、退職承認の辞令は内容証明郵便により9月22日にXに到達していること。

⑤Xのパワハラ行為は悪質であることを本人も認めており、自己都合退職の意思表示に、動機の錯誤はないこと。

Ⅲ 解法の手順 ☞争点の概要を掴む

この問題の争点は、「ハラスメント」と、「錯誤」による退職の意思表示の有効性である。問題中、民法95条「錯誤」の条文が掲載されているため、ここに触れればよいことは理解できても、日頃から民法を勉強していないと、解法を導くことに苦慮してしまう。

こうした意味でも、労使トラブルを解決するには、民法の知識が大切であるということが理解できるだろう。

1 ハラスメント

ハラスメントとは、相手の嫌がることをして不快感を覚えさせる行為全般を意味する。ハラスメントにはさまざまな種類があるが、特に職場においては、パワーハラスメント（パワハラ）、セクシュアルハラスメント（セクハラ）、マタニティーハラスメント（マタハラ）などが問題になる。

1 職場におけるパワーハラスメント

職場におけるパワーハラスメントとは、職場で行われた行為につき、①「優越的な関係を背景とした言動」であって、②「業務上必要かつ相当な範囲を超えたもの」により、③「労働者の就業環境が害されるもの」であり、①ないし③において、すべての要素を満たすものとされている。

① 「優越的な関係を背景とした言動」とは
 ●上司や先輩など、職場での地位や優位性を利用して行われる言動
 ●優越的な関係には、上司だけではなく、同僚や後輩も含まれる
　・例えば、業務上必要な知識や経験を有している同僚や後輩の協力を得なければ仕事に支障をきたす場合
　・同僚や後輩からの集団的な行為で、抵抗や拒絶が困難な場合
② 「業務上必要かつ相当な範囲を超えたもの」とは
 ●業務上明らかに必要性のない言動
 ●業務の目的を大きく逸脱した言動
 ●業務を遂行するための手段として不適当な言動

●当該行為の回数、行為者の数等、その態様や手段が社会通念に照らして許容される範囲を超える言動

③ 「労働者の就業環境が害されるもの」とは

暴力や、人格や名誉を傷つけるような言動等により身体的精神的な苦痛から、職場での能力の発揮を阻害されることをいう。

●恐怖を感じさせる行為

●長期にわたる無視や能力に相応しくない仕事を与え、就労意欲を低下させる行為

　・暴力により傷害を負わせること

　・何度も大声で怒鳴ること

　・厳しい叱責を執拗に繰り返すこと

近時、上司が部下に対してハラスメントを気にしすぎて遠慮がちになる傾向が認められるが、客観的にみて、業務上必要かつ相当な範囲で行われる適正な業務指示や指導については、職場におけるパワーハラスメントには該当しない。

通常、パワハラは「職務上の地位が上位の者による言動」とされ、つまり、社長や部長といった役職のある者が、下位の労働者に対して行う行為と捉えられているが、近時、「同僚又は部下からの集団による行為で、これに抵抗又は拒絶することが困難であるもの」との捉え方が広がっている。

例えば、令和5年2月、「△△県教育委員会が、勤務校の校長ら計6人に対してパワハラ行為を繰り返したとして、○○市立中学校の男性事務職員（59）を停職6か月の懲戒処分とし、課長補佐相当職から係長相当職に降任する分限処分を行った。」とする報道があった。発表によると、自身に職員会議での提案内容の事前報告がなかったことに怒るなどして、新任の校長や教頭に1年以上にわたり執拗な暴言を吐き、校長や教頭を数か月の休職に追いやった行為をパワハラと認定している。

2　職場におけるセクシュアルハラスメント

「職場」において行われる「労働者」の意に反する「性的な言動」により、労働者が労働条件について不利益を受けたり、就業環境が害されたりする

ことをいう。

　事業主、上司、同僚に限らず、取引先、顧客、患者、学校における生徒
などの行為者になる可能性がある。従前は女性の被害者のみを対象として
いたが、近年では性別の特定はなく、男女ともに、行為者にも被害者にも
なることが、最近の特徴である。

　また、異性に対するものだけでなく、同性に対する性的な言動もセクシュ
アルハラスメントになるとされており、さらに、職場における、相手の性
的指向又は性自認にかかわらず、該当することがある。具体的には、「ホモ」
「オカマ」「レズ」などを含む言動は、セクシュアルハラスメントの背景に
もなるとされている。

　このように近時、性的性質を有する言動は多様化していることが特徴と
いえる。

① 「職場」とは

　労働者が通常勤務している場所は当然のこと、出張先や実質的に職務の
延長上と捉えられる場所、例えば接待での飲み会や研修会場なども職場に
該当する。

② 「労働者」とは

　労働者とは正社員だけではなく、契約社員、パートタイム労働者など、
契約期間や労働時間にかかわらず、事業主が雇用するすべての労働者を対
象とする。また、派遣労働者については、派遣元事業主のみならず、派遣
先事業主も、自ら雇用する労働者と同様に取り扱う必要がある。

③ 「性的な言動」とは

　「発言」と「行動」の具体例をあげておこう。

ア　性的な内容の発言の例示

　　●性的な事実関係を尋ねること

　　●性的な内容の情報（うわさ）を流すこと

　　●性的な冗談やからかいを言ったりすること

　　●食事やデートへ執拗に誘うこと

　　●個人的な性的体験談を話すこと　　　　など

イ　性的な行動の例示

- ●性的な関係を強要すること
- ●必要なく身体に触れること
- ●わいせつ図画を配布・掲示すること
- ●強制わいせつ行為、強姦　　など

3　職場におけるマタニティーハラスメント

　マタニティーハラスメントとは、女性労働者が、職場において、妊娠・出産・育児に関し、同僚や上司等から下記の出来事を理由として、嫌がらせなどを受け、就業環境を害されることをいう。具体的には、

- ●妊娠・出産したこと
- ●産前産後休業・育児休業などの制度利用を希望したことや、これらの制度を利用したこと

　近時、男性の育休取得につき、厚生労働省が力を入れているが、母親の育休同様、父親が育児休業制度等を利用することに対する嫌がらせが問題となった。男性の育児に対して行われるハラスメントが「パタニティ（父性）ハラスメント」という造語で説明されるようになり、女性に対するものが「マタハラ」、男性に対するものが「パタハラ」と呼ばれるようになった。

　"妊娠・出産"自体は女性が行うことから、「マタハラ」は女性に対する"妊娠・出産・育児"に関連するハラスメント、「パタハラ」は男性に対する"育児"に関連するハラスメントとされるが、広い意味で両者をまとめて「マタハラ」と称することもある。

2　職場におけるパワーハラスメントの防止のために講ずべき措置

　令和2年6月1日から、職場におけるにパワーハラスメントの防止のために講ずべき措置が事業主に対して義務化された。以下の内容は事業主が必ずしなければならない義務とされている。

◆事業主の方針等の明確化及びその周知・啓発

　①職場におけるパワハラの内容・パワハラを行ってはならない旨の方針を明確化し、労働者に周知・啓発すること

②行為者について、厳正に対処する旨の方針・対処の内容を就業規則等の文書に規定し、労働者に周知・啓発すること

◆**相談に応じ、適切に対応するために必要な体制の整備**

③相談窓口をあらかじめ定め、労働者に周知すること

④相談窓口担当者が、相談内容や状況に応じ、適切に対応できるようにすること

◆**職場におけるパワーハラスメントに係る事後の迅速かつ適切な対応**

⑤事実関係を迅速かつ正確に確認すること

⑥速やかに被害者に対する配慮のための措置を適正に行うこと^(注1)

⑦事実関係の確認後、行為者に対する措置を適正に行うこと^(注1)

⑧再発防止に向けた措置を講ずること^(注2)

^(注1) 事実確認ができた場合　^(注2) 事実確認ができなかった場合も同様

◆**そのほか併せて講ずべき措置**

⑨相談者・行為者等のプライバシー^(注3)を保護するために必要な措置を講じ、その旨労働者に周知すること

⑩相談したこと等を理由として、解雇その他不利益取扱いをされない旨を定め、労働者に周知・啓発すること

^(注3) 性的指向・性自認や病歴、不妊治療等の機微な個人情報も含む。

③ ハラスメントと懲戒処分

懲戒処分に処するには、以下の原則を遵守しなければならない。

（1）「罪刑法定主義の原則」…就業規則などに処分の対象行為、処分の種類と内容を明らかにする。

（2）「適正手続の原則」…事実関係の確認をおこない、本人に弁明の機会を与える。

（3）「合理性・相当性の原則」…トラブル背景や経緯、被害者の問題点を考慮する。

（4）「平等取扱いの原則」…過去事例と比較し、以前の処分との均衡を考慮する。

（5）「個人責任の原則」…個人の責任に対して連帯責任を負わせること

はできない。

（6）「二重処分禁止の原則」…同一の事例に2回以上の処分をおこなうことはできない。

（7）「効力不遡及の原則」…新しい処分基準は制定後の事案にのみ有効である。

4 行為のレベルと懲戒の量刑

前記 3 （1）「罪刑法定主義の原則」のよる「処分の対象行為、処分の種類と内容」を掘り下げてみる。

レベル	具体例	処分等
犯罪 レベル （刑法）	（1）身体的な攻撃 　（暴行・傷害） 　①殴打、足蹴りを行う 　②相手に物を投げつける　など （2）精神的な攻撃 　（脅迫・名誉毀損・侮辱・ひどい暴言） 　死ね、殺すぞ　など	懲戒処分（諭旨解雇、懲戒解雇） 刑事責任（暴行罪・傷害罪・脅迫罪など） 民事上の損害賠償責任（加害者・会社＝使用者責任）
不法行為 レベル （民法）	（1）過大な要求 　（業務上明らかに不要なことや遂行不可能なことの強制・仕事の妨害） （2）精神的な攻撃 　（刑法レベルより軽い侮辱・暴言・名誉毀損） ＊本件のパワハラは、このレベルに位置するものと考えられる。 （3）過小な要求 　（業務上の合理性なく能力や経験とかけ離れた程度の低い仕事を命じることや仕事を与えないこと）	懲戒処分（出勤停止・降格・諭旨解雇・普通退職） 民事上の損害賠償責任（加害者・会社＝使用者責任）
職場環境 レベル	（1）人間関係からの切り離し 　（隔離・仲間外し・無視） （2）個の侵害 　（私的なことに過度に立ち入ること）	懲戒処分（戒告・譴責・減給・出勤停止・降格） 職場レベルでの注意指導対応

＊上記はあくまでレベルによる一般的な例示であり、個別の事案ごとに、事実関係や加害者の弁明などを聴き、総合勘案して、適切なレベルの処分を決定することが求められる。

5　錯誤

次に、本問のもう一つのテーマである「錯誤」である。

本問において、Xはいったん退職の意思表示をしたものの、退職を決意した動機に重大な誤りがあったため、それを取消ししようとしたものだが、その有効性を判断する。なお、錯誤の態様については、第14回試験の解説「Ⅲ　解法の手順」を参照のこと。

1　退職の意思表示の撤回はいつまで

原則的な扱いとして、以下の3つが考えられる。

> ●自主退職なら「到達するまで」…　退職届
> ●合意退職なら「承諾されるまで」…　退職願
> ●「受理」の後は撤回できない

よって、退職願の方が、退職届より、撤回までの期間が長くとれるということになる。

本問の場合は、「退職願」である。

従業員から会社に対してなされる退職願の提出は、労働契約の合意解約の申込みと解されており、その申込みを会社が承諾すれば、労働契約は合意により解約され、退職が有効に成立することになる。したがって合意解約の成立後は、退職願の撤回の申し出があっても会社としては応じる義務はないと考えられる。

退職願を提出しても、会社の承諾の意思表示が当人に到達することにより合意解約が成立するまでの間については、その扱いにつき法で明示されておらず、判例（**田辺鉄工所事件　大阪地決　昭48.3.6**）では退職願の撤回ができるものと解されている。

その他、「退職の意思表示の受領権限を持つ者」が受領する前において、退職の意思表示を撤回できるとしたものにつき、判例として、**昭和自動車事件**（**福岡高判　昭53.8.9**）がある。

ちなみに、受領権限者に該当する立場にある者とは、「経営の責任者」、

「人事の権限を任せられている者」と考えられており、受領権限者の代表例として、中小企業で社長が直接労務管理を担当している場合には、「社長」、一定規模以上の会社であれば、人事マターを扱う部署の担当者である「人事の担当者」がそれに相当する。さらに、受領権限者として「理事長」を認めた判例に、**学校法人白頭学院事件（大阪地判　平9．8.29)**、「工場長」を認めた判例に、**ネスレ日本（合意退職）事件（東京高判　平13．9.12)**などがある。

2　「退職の意思表示の受領権限を持つ者」が受領した後の撤回

　では、前記のとおり、従業員の退職の意思表示につき、「退職の意思表示の受領権限を持つ者」が受領した後に撤回できないかが問題となる。

　結論から述べると、原則論としては撤回ができないものとされているが、以下のケースでは、退職を取り消すことができるとされている。

＜退職を取り消すことができるケース＞

強迫	…	「退職しなければ解雇する」と脅されて退職願を提出させられた。
詐欺	…	騙されて退職願を提出させられた。
錯誤	…	本当は何の過失もないのに、退職させられる原因は自分にあると勘違いして退職願を提出してしまった。

　判例では、懲戒事由が存在しないのに懲戒解雇になるものと信じて提出した退職願は、その意思表示に要素の錯誤があるとして無効とされた（**北海道電力事件　函館地判　昭47．7.19)**、くわえて、詐欺または強迫による場合は取り消すことができる（民法96条）。懲戒解雇処分や告訴のあり得ることを告知し、そうなった場合の不利益を説いて退職願を提出させることは、労働者を畏怖させるに足る強迫行為であるとして取り消しが認められた事例に、**ニシムラ事件（大阪地決　昭61.10.17)**がある。

3　近時の判例を見る

　近時の判例として、被告会社との間で雇用契約を締結し、派遣先で警備員として勤務していた原告が、被告会社に対し、退職の意思表示をしたところ、当該退職の意思表示は、原告の自由な意思に基づかず、また、錯誤により無効又は強迫により取り消したなどと主張して、雇用契約上の権利を有する地位にあることの確認を求めるとともに、雇用契約に基づく賃金及びこれに対する遅延損害金の支払を求めた事案として、**テイケイ事件（東京地判　令4.3.25）**がある。

　この事件の原告は、退職勧奨を受けるまで、被告会社において就労を続ける強い意思を持っていたが、本来1時間であった休憩を2時間とり、その旨を申告しなかったという原告の行為が「電子機器使用詐欺罪」に当たり、執行猶予が付かない重大な犯罪であるとの虚偽の説明をされた。このため、自己の行為が「電子機器使用詐欺罪」に当たることを認識していた旨の本件自認書を書かされて、自主的に退職すれば、警察には連れて行かない旨を告げられたことから、犯罪者として警察に突き出されることを避けるためには被告会社を退職するしかないと誤信した。

　その後、原告は、錯誤であるとして、本件退職届における、退職の意思表示を撤回した。

　判決は、退職しなければ罪を免れることができないという原告の退職の動機は被告会社に表示され、退職の意思表示の内容となっているといえ、本件退職の意思表示は錯誤による意思表示として無効であると判断した。原告は、本件退職の意思表示後も雇用契約上の権利を有する地位にあるとされた。

　令和2年4月1日施行の改正民法で、意思表示のルールが変更された。

　これにより、従来「錯誤」は「無効」とされていたのが「取消可能」に改められたため、過去の判例を読む際には、読み替えが必要である。

　ちなみに、法令用語としての「無効」とは、ある法律行為について、その法律行為の効力が最初から発生しないことをいう。そのため、双

方がそれでいいと思っていても、契約は履行されない。

　他方「取消」は、いったん発生した法律行為の効力を、当初に遡って消滅させることをいう。つまり取り消されるまでは有効な契約として扱われ、取り消されて初めて、締結時に遡って無効になる。

6　本問における論点整理

　本問におけるY社のハラスメントに関する対応は、おおむね妥当と考えられる。ハラスメントに対する、使用者としての義務を認識し、Aからの相談につき、就業規則などに基づき、ハラスメントの加害者であるXに対する調査を行い、懲戒処分に付するための手続を行っている。加害者であるXも事実関係を認めている。

　そしてXの退職の意思表示に関しては、本問の場合、「退職願」であるため、合意退職であり、相手方に「承諾されるまで」はその意思表示の撤回は可能とされるが、Y社は、退職の意思表示の受領権限を持つ者が退職願を受任し、退職の辞令を発令している。

　しかし、Xは、K支店長の懲戒解雇に該当する旨の説明を鵜呑みにし、錯誤により退職願を認めており、相手もその理由を知っていることが明らかである。

　よって、錯誤を理由として、当該退職願の撤回は取り消しされるものと考えられる。

第2問

小問　（1）

I　模範解答例及び出題の趣旨と配点

模範解答例

「結論」（ア）（「申し立てることができる」）

「理由」　特定社労士甲は、商工団体主催の立食パーティーで、初対面のA
社代表取締役Bと名刺交換をした。その際、半年ほど前に従業員を解雇
したが、その従業員が労働局にあっせんした場合に、会社側の代理人に
なってほしい旨依頼され、それを受けた。その時点で甲は、詳細な事情
を聞いておらず、社交辞令の範疇といえる。この対応は、甲がA社に対
しCを相手とする事件について賛助し又は依頼を承諾したとは言えな
い。くわえて当該事件で、その協議の程度及び方法が信頼関係に基づく
とも言えない。こうした理由から、甲はCの依頼を受任できる。（249字）

出題の趣旨と配点

　社会保険労務士法22条2項1号及び2号が定める業務を行い得ない事件
の正確な理解を確認することを目的とした問題である。

　開業の特定社会保険労務士甲は、地元の商工団体が主催し多数の出席者
がいる立食パーティーにおいて、初対面のA社代表取締役Bと名刺を交換
し、ごく短時間、立ち話をしたが、その際、Bから、解雇した元従業員（名
前は明らかでない）から損害賠償を請求されていることを聞いた。その後、
しばらくして、甲は、不当解雇されたというA社の元従業員Cから、代理
人としてA社に対し労働局のあっせんを申し立てることを依頼された。

　このような事実関係において、法律に照らし、甲は、Cの依頼を受任す
ることができるかどうかが問われており、結論として（ア）「申し立てる
ことができる」又は（イ）「申し立てることはできない」を選択したうえで、
その理由を250字以内で記載することが求められている。

　立食パーティーにおけるBとの会話の中には、Bが甲に依頼をし、甲がこれを応諾するかのようなやりとりが含まれている。したがって、まず、甲が、Cを依頼者とする紛争解決手続代理業務（A社を相手方とする労働局あっせん手続の代理等）に関し、すでにCの相手方であるA社の代表取締役Bから協議を受けて、その依頼を承諾していたかどうかが問題となる（社会保険労務士法22条2項1号後段）。次に、仮にA社ないしBの依頼を承諾したとは言えないとして、その協議に賛助したか（同号前段）、あるいは、その協議の程度及び方法が信頼関係に基づくと評価できるか（同条同項2号）が問題となる。さらに、仮に、社会保険労務士法22条2項が定める業務を行い得ない事件には該当しないとして、同法の他の条項により、なお受任が禁じられるかどうかも問題となり得る。

　解答に際しては、社会保険労務士法の正確な理解を踏まえ、問題文中から関連しうる事実をていねいに拾い上げて評価し、上記各条項の適用を検討することが求められる。どのような結論をとるにせよ、法律の定めと具体的な事実関係とを論理的に組み合わせた明快な理由付けが期待される。

　なお、もし守秘義務（社会保険労務士法21条）に言及しようとするのであれば、前提として、守るべき秘密は何か（そもそも秘密があるか）、誰に対する漏えい又はどのような利用を問題とするのかを、意識する必要がある。（15点）

Ⅱ　論点整理

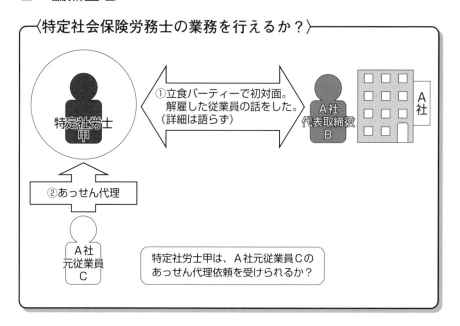

〈特定社会保険労務士の業務を行えるか？〉

特定社労士
甲

①立食パーティーで初対面。
　解雇した従業員の話をした。
（詳細は語らず）

A社
代表取締役
B

A社

②あっせん代理

A社
元従業員
C

特定社労士甲は、A社元従業員Cの
あっせん代理依頼を受けられるか？

小問　（2）──────────────────────────

Ⅰ　模範解答例及び出題の趣旨と配点

模範解答例

「結論」　（イ）（「代理人となることはできない」）

「理由」　民法は、同一の法律行為について、相手方の代理人として、又は当事者双方の代理人としてした行為は、双方代理として禁止している。ただし、例外として、本人があらかじめ許諾した場合はこれを認めている。しかし、社労士法は業務を行い得ない事件とそうでないものを第22条に定めており、このうち、紛争解決代理手続業務に関するものとして受任している事件の相手方からの依頼による「他の事件」は、事件の依頼人が同意した場合は受任可能だが、本件の場合、「他の事件」でなく「同一事件」のため、これを受任することはできない。　　　　　　（247字）

出題の趣旨と配点

　社会保険労務士法22条2項1号を中心に、同項の正確な理解を測るとともに、双方代理に関する規律についての全般的な理解を確認する問題である。

　開業の特定社会保険労務士乙は、D社の従業員で現在は育児休業中のEから依頼を受け、代理人として、育児休業、介護休業等育児又は家族介護を行う労働者の福祉に関する法律52条の5第1項に基づく調停手続を行っていたところ、同手続が続いている間に、相手方であるD社の代表者から、同社の代理人として、Eを金銭解決の方向で説得してほしいと依頼された。乙は、この依頼について、もともとの依頼者であるEに直ちに報告したところ、Eは、「D社の代理人にもなっていただいて結構です。乙さんも、両方から報酬がもらえて得ですよね。」などと答えた。

　このような事実関係において、法律に照らし、乙は、D社の依頼を受任することができるかどうかが問われており、結論として（ア）「代理人となることができる」又は（イ）「代理人となることはできない」を選択したうえで、その理由を250字以内で記載することが求められている。

　解答に当たっては、社会保険労務士法22条2項の正確な理解を踏まえ、

問題文の事実関係が、いずれの号に基づく業務を行い得ない事件に該当するかをまず特定することが必要である。そのうえで、Eの発言の内容及び文脈から、それを同意と評価することができるか、仮にD社及びEの両方が同意していると評価できるとして、双方の同意を根拠に、D社の依頼を重ねて受任することができるかを考察することが求められる。

　なお、2017年の債権法改正（2020年4月1日施行）により、双方代理に係る民法108条の効果は無権代理行為の擬制であることが明確にされた。双方の同意による例外部分(同条1項但書)は従前と変更がない。したがって、解答に際し、もし民法108条に言及するのであれば、同条1項但書と社会保険労務士法22条2項但書の関係ないし相違を意識した記述が期待される。（15点）

Ⅱ　論点整理

〈特定社会保険労務士の業務を行えるか？〉

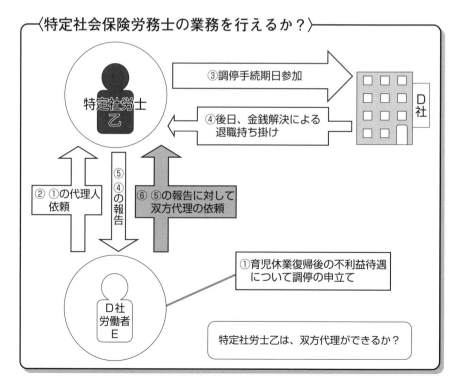

Ⅲ　解法の手順☞争点の概要を掴む

1　民法の「双方代理」と社会保険労務士法の「業務を行いえない事件」

民法108条の効果は無権代理行為の擬制を定めている。つまり、民法は、双方代理は原則無効としているものの、絶対的に禁止されているわけではなく、108条１項ただし書が定める一定の場合には双方代理も許容されるということになる。

参考 民法

（自己契約及び双方代理等）
第108条　同一の法律行為について、相手方の代理人として、又は当事者双方の代理人としてした行為は、代理権を有しない者がした行為とみなす。ただし、債務の履行及び本人があらかじめ許諾した行為については、この限りでない。
2　前項本文に規定するもののほか、代理人と本人との利益が相反する行為については、代理権を有しない者がした行為とみなす。ただし、本人があらかじめ許諾した行為については、この限りでない。

本問の場合、事件を依頼した当事者が双方代理を許諾しているため、この条文を根拠に、乙がD社と、Eの双方の代理人を務めることができそうに感じるものである。

しかし、特定社会保険労務士が業務を行いえない事件として、社会保険労務士法（以下、「社労士法」という。）22条２項に「特定社会保険労務士は、次に掲げる事件については、紛争解決手続代理業務を行つてはならない。ただし、第三号に掲げる事件については、受任している事件の依頼者が同意した場合は、この限りでない。」とされ、１号ないし５号に内容が列挙されていることを検討しなければならない。

本問を考えるに、同項3号を見ると、「紛争解決手続代理業務に関するものとして受任している事件の相手方からの依頼による他の事件」とあり、2項のただし書で「第三号に掲げる事件については、受任している事件の依頼者が同意した場合は、この限りでない。」とあるため、受任している事件の依頼者が同意した場合は、依頼を受けることができると思いがちだ。しかし、依頼を受けることができる事件は、「他の事件」であることから、本問の場合は、同じ事件であるため、受任できないことになる。

2 一般法と特別法

前記 1 において、民法ではなく、社労士法の規定が優先された理由に触れたい。これが、この問題のキモである。

通常、私法（当事者を対等な法律関係において規律する）と、公法（権力服従の関係）の分類に基づき、さらに「一般法」と「特別法」という、法の分類に示される。

ちなみに「一般法」とは、人・場所・事項等に関して効力の制限がなく、その全般に適用される法のことをいう。

これに対して、「特別法」とは、人・場所、事項等に関して、その効力に特別の制限があり、特殊的・部分的にだけ適用される法のことをいう。

なお、一般法と特別法の内容が矛盾する場合、特別法が優先して適用される。

一般法	人・場所などの適用領域が限定されない法
特別法	人・場所などの適用領域が限定される法

1 裁判所の職員
…国家公務員法と裁判所法および裁判所職員臨時措置法

例えば、国家公務員については国家公務員法が規定されているが、裁判所職員には、さらに裁判所法および裁判所職員臨時措置法が規定されている。

これが、いわゆる特別法である。

2 民法と商法の利率…平成29年の民法（法改正前後）

　また、民法は一般人の間の、行為のルールを定めるものであるのに対して、商法は商売のプロである商人や、商人の行う行為に関するルールを定めている。その意味で、商法は民法の特別法であるといえる。そこで、商取引については、商人以外の取引を含めた取引に関する一般法である民法の債権関係の規定を排除して適用される。

　例えば、商人Xが商人Yに、利息については合意があるが、利率の定めはなしに100万円を貸し付ける契約を締結したとしよう。一般人の間で金銭の貸し借りにおいて、利息をつけることを約束したが、利率を定めなかった場合、民法404条によって利率は年5分となるが、商人間の金銭の貸し借りや商行為に伴って生じた債務の場合は、商法514条によって年6分とされている。そして、上記の場合、X・Yには民法404条、および両者とも商人である場合、商法514条が適用可能であるが、民法と商法は一般法と特別法の関係にあることから、商法が優先的に適用されて利率は年6分となる（もっとも、前記利率は、平成29年民法改正前のものである。改正後、商法514条は削除され、民法404条と同じ利率である3分が適用されている）。

　また、忘年会の会費を預かっていた者がその金を使い込めば、その者には単純横領の規定が適用されるが、会社の会計係が会社の金を使い込めば、業務上横領の規定が適用されることになる。

　適用対象、適用範囲が絞ってあればあるほど、その効果は強力になり、優先的に適用されることになるのは、当然の理であろう。

3 雇用の関係は民法と労働基準法で解決

　「雇用は、当事者の一方が相手方に対して労働に従事することを約し、相手方がこれに対してその報酬を与えることを約することによって、その効力を生ずる。」とする民法623条は、労働契約の原点である。労働者が「約し」、使用者が「約する」という意思の合致によって、契約の効力が発生する。労働契約は当事者間の自由な意思に基づくものであるとするのが民法の建前であり、対等平等な関係の下で契約が結ばれることを民法は想定し

ている。

　しかし、労働者と使用者の間には、立場において格段の差があるのが事実である。民法の原則を維持したままでは、経済的弱者である労働者が、強者である使用者と対等平等な関係で契約を結ぶことなど、絵に描いた餅でしかない。この不平等を放置しておけば、長時間・低賃金労働や、使用者の身勝手な解雇など、憲法に定める基本的人権を侵害し、労働者が人たるに値する生活を送れないことが常態化しかねない。そこで、憲法25条に定める国民の「健康で文化的な最低限度の生活を営む権利」を具体的に保障するために、労働基準法が制定された。労働基準法は、対等平等な関係にあるものが、自由な意思で契約を結ぶ民法の原則を修正しているため、一般法である民法の特別法という位置づけになる。

4　休業手当…民法と労働基準法

　仮に、使用者の都合で会社が休業したとしよう。この場合、民法では536条2項により、使用者の「責めに帰すべき事由」で休業した場合には、労働者は休業中の賃金を全額請求できる。一方、労働基準法の規定では、休業期間中、労働者に平均賃金の6割以上の手当（休業手当と呼ばれる）を支払わなければならない（労働基準法26条）。民法では全額請求でき、労働基準法では平均賃金の6割以上の手当と、表面上は民法の方が労働者に対する保障が手厚いと誤解する人も出てくるかもしれない。しかし、労働基準法が、労働者に手厚い保護を与えるために制定された特別法であるという立法趣旨を真に理解すれば、そのような誤解はなくなるだろう。労働基準法が、平均賃金の6割以上の手当を休業手当として支払うことを使用者に命じているのは、そのことによって労働者の最低限度の生活を確保しようとしているのである。労働基準法は刑罰法規であり、その違反には、刑事罰が科されるのである。労働基準法26条は刑事罰を予告することで、最低限、平均賃金の6割が休業手当として労働者の手に渡ることを意図して制定されたものである。刑罰という重い制裁をもって、労働者の生活を守ろうとする労働基準法の方が、民法より手厚い配慮がなされたものだということが、これで理解してもらえたと思う。

さらに、気をつけなければならないのは、労働基準法26条により、使用者が休業手当を支払えば、それで使用者は賃金の支払い義務を免れるわけではないことである。就業規則や労働協約に特段の定めがない限り、休業手当と賃金全額との差額を支払わなければならない義務は、民法536条2項によって残っているのである。労働基準法26条はあくまで労働者の最低限の生活を保障するために、特別法として休業手当の支払を求めており、残りの賃金の支払を免除する趣旨ではない。賃金の残りについては、一般法である民法の原則が当てはまり、使用者に支払い義務はなお残るのである。

5 休業手当
…使用者の「責めに帰すべき事由」が民法と労働基準法で異なる

民法536条2項と、労働基準第法26条との関係については、もう1つ知っておくべきことがある。これらの条文に登場する「責めに帰すべき事由」（帰責事由）の解釈が、両者では異なるのである。民法536条2項の「責めに帰すべき事由」よりも、労働基準法26条の「責に帰すべき事由」の方が、より広く解されているのである。これを簡単にいえば、民法よりも労働基準法の方が、使用者が「自分の責任ではない。仕方ないことである。だから賃金は支払わない。」という言い逃れをしにくくなっているということである。

なぜ、労働基準法の方が「責めに帰すべき事由」を広く解しているのか。これも、一般法と特別法という関係を理解すれば、納得できるであろう。労働基準法は、労働者の最低限の生活を保障するための特別法であり、それゆえに一般の取引関係を規律する民法よりも、より広く帰責事由を解することで、労働者に手厚い保護を与えているのである。具体的には、民法では使用者の帰責事由とならないような経営上の障害による休業、例えば、親会社の資金難による影響を受けた資金不足・資材不足などの場合にも、使用者は休業手当を支払わなければならないのである。

6 休業手当…労働契約の解約は民法と労働基準法で異なる

ここで、もう1つ例をあげよう。民法627条1項は、「当事者が雇用の期

間を定めなかったときは、各当事者は、いつでも解約の申入れをすることができる。この場合において、雇用は、解約の申入れの日から２週間を経過することによって終了する。」と規定している。

この規定によれば、「各当事者は、いつでも」とある。要するに、期間の定めのない雇用契約の場合には、解雇の自由および退職の自由が定められているのである。したがって、労使当事者のいずれか一方が解約を申し入れれば、２週間経過した後、雇用契約は終了する。

一般に「契約」は当事者が合意したことによって締結され、また解約もされるというように、当事者の合意を前提としている。しかし、民法627条は相手方がいくら契約解除したくなくても、あるいは解除させたくなくても、当事者の合意なく、一方の当事者が意思表示（使用者側からの解雇の意思表示、あるいは労働者側からの退職の意思表示）さえすれば解除できると規定されている。

では、一般法である民法がこのように規定しているのに対して、特別法としての労働基準法、労働契約法はどのように規定しているのかを見てみよう。使用者側が雇用契約を一方的に解除するものである解雇について、労働基準法19条から21条、労働契約法16条の規定がある。これらの規定は、「期間の定めのない雇用」について一般法として規定している民法627条に対しては特別法として位置づけられるものであり、「特別法は一般法に優先する」ことから、期間の定めのない雇用契約を結んでいる労働者を解雇する場合には、民法627条の規定ではなく、これらの労働基準法や労働契約法の規定が適用されるということになる。

それでは、特別法が優先されるのでは一般法の存在意義はまったくないのかというと、そのようなことはない。特別法が規定していない部分については、一般法の規定が適用されることになるからである。例えば、特別法である労働基準法は、使用者が一方的に解約するものである解雇についてのみ規定しているに過ぎず、労働者側から一方的に解約するものである退職については、何ら触れていない。このような場合には、一般法たる民法の規定により労働者からいつでも使用者に退職を申し出ることができる。そして、その後２週間を経過すれば雇用関係を終了させることができ

るのである。このように、使用者が労働者の足止め策として長期間拘束することを防止する民法627条の趣旨が活かされる場面が存在することで、一般法たる民法627条は特別法が存在しても、それなりの意義を有しているといえるのである。

　なお、家事使用人の場合には使用者から家事使用人に対し解雇を通告し、2週間を経過すれば雇用関係を終了させることができる。つまり、労働基準法20条の30日前の解雇予告は必要ではない。なぜなら、労働基準法116条の適用除外により、家事使用人は特別法たる労働基準法の適用を受けない。よって、一般法である民法627条の規定に従うところになるからである。

7　一般法と特別法の分類

　以下に、私法（当事者を対等な法律関係において規律する）と、公法（権力服従の関係）の分類に基づき、一般法と特別法の分類を示しておこう。

公法・私法の別	一般法	特別法
私　法 （当事者を対等な法律関係において規律する）	民法 （雇用に関する一般法と特別法の関係）	労働基準法
		労働組合法
		労働関係調整法
		特定独立行政法人等の労働関係に関する法律
		地方公営企業等の労働関係に関する法律
		船員法
	民法	商法
	民法	借地借家法
公　法 （権力服従の関係）	刑法・刑事訴訟法	少年法
	刑法	破壊活動防止法

第19回　紛争解決手続代理業務試験　解答用紙

第１欄〔第１問・小問(1)〕

第２欄〔第１問・小問(2)〕

第３欄〔第１問・小問(3)〕

第4欄〔第1問・小問(4)〕

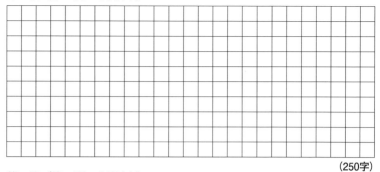

(250字)

第5欄〔第1問・小問(5)〕

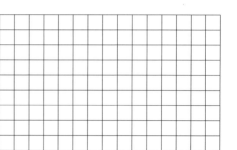

(250字)

第6欄〔第2問・小問(1)〕
結論

第6欄〔第2問・小問(1)〕
理由

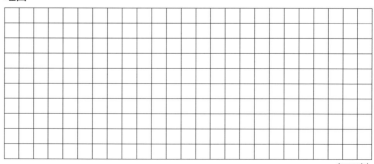

(250字)

第7欄〔第2問・小問(2)〕
結論

第7欄〔第2問・小問(2)〕
理由

（250字）

用 語 索 引

判 例 索 引

【著者紹介】

河野順一（こうの　じゅんいち）━━━━━━━━━━━━━━━━━━━━━■

　日本橋中央労務管理事務所所長、東京法令学院長、NPO法人個別労使紛争処理センター会長、社会保険労務士、行政書士。

　法務コンサルタントとして銀行など各企業を対象に、幅広く経営全般にかかる指導業務を行っている。また、複雑な法律問題を身近な事例に置き換えてやさしく解説する理論家として評判になり、法律解釈をテーマとした講演も行う。

　現在、社会保険労務士を主な対象とした司法研修を全国各地で行い、好評を博している。「就業規則の作成セミナー」はつとに有名であり、3日間の集中講義を何度も聴講するリピーターが多い。令和3年8月からオンラインでライブセミナーを開催する。

●主な著書　『労働基準監督機関の役割と是正勧告〈新訂増補版〉』（共著）『知って得する憲法と行政法』『知って得する民法』『知って得する刑法』『心構えを変えれば道は拓ける』（以上、日本橋中央労務管理事務所出版部）、『ドキュメント社会保険労務士』『社会保険労務士のための要件事実入門』（以上、日本評論社）、『労働法を学ぶための「法学」講義』『労働災害・通勤災害認定の理論と実際』『是正勧告の実務対策』『労働法を学ぶための「要件事実」講義』（共著）（以上、中央経済社）、『労務トラブル50』（清文社）、『労働法のことならこの1冊』（自由国民社）、『時間外労働と、残業代請求をめぐる諸問題』（共著）『労働法を理解するための基本三法（憲法・民法・刑法）』（以上、経営書院）、『どんとこい！労働基準監督署』（風詠社）ほか多数。最新刊は、『知って得する熱血教室　炎の講義録』（日本橋中央労務管理事務所出版部）。

河野知佳子（こうの　ちかこ）━━━━━━━━━━━━━━━━━━━━━━━■

　社会保険労務士、日本橋中央労務管理事務所上席研究員。河野順一氏に師事。平成12年12月に「隣接士業のあり方」で、朝日新聞「論壇」に登壇。平成22年11月に行われた、司法シンポジウムのパネルディスカッションでは、コーディネーターを務める。

　いずれも河野順一氏との共著として、『労働基準監督機関の役割と是正勧告〈新訂増補版〉』（日本橋中央労務管理事務所出版部）、『本人訴訟　自分でできる手続マニュアル〈第3版〉』『部下を持つあなたの「残業代請求」超早わかり』『秘伝・弁護士に頼まない「少額訴訟の勝ち方」教えます〈第2版〉』（以上、中央経済社）などがある。

▶お問合わせ

本書の内容について、電話でのお問い合わせには応じられません。あらかじめご了承ください。質問等がございましたら、往復はがき、または切手を添付した返信用封筒を同封の上、株式会社日本評論社までお送りくださいますようお願いいたします。

■免責

・本書の執筆ならびに刊行にあたっては正確な記述に努めましたが、著者、および出版社のいずれも、本書の内容について何らの保証をするものではありません。

・著者、および出版社のいずれも、本書の記述内容に基づく如何なる運用結果に関しても一切の責任を負いません。

特定社会保険労務士試験過去問集
——第20回（令和6年度）試験対応版

2024年7月20日　第1版第1刷発行

編著者——河野 順一
発行所——株式会社日本評論社
　　　　　〒170-8474　東京都豊島区南大塚3-12-4
　　　　　電話　03-3987-8621（販売）　FAX　03-3987-8590　振替　00100-3-16
印　　刷——精文堂印刷株式会社
製　　本——株式会社難波製本

Printed in Japan　© J. Kouno　2024
ISBN 978-4-535-52811-6

社会保険労務士のための 要件事実入門 ◆◆

河野順一 [著]

通常業務に役立つだけでなく、訴訟で「補佐人」となるために必要な個別労働紛争などに関する基礎的・専門的知識と考え方をわかりやすく解説した、社労士必携の一冊。

ISBN978-4-535-52238-1
◆定価2310円（税込）／A5判／212頁

🐙日本評論社
https://www.nippyo.co.jp/